ABRÉGÉ

DE

LA VIE

DU Vénérable Pere JEAN
BRUZEAU, Prêtre, Fon-
dateur des Solitaires de St.
Montan, mort en odeur de
fainteté le 10 Août 1691.

A BOURG St. ANDEOL,

De l'Imprimerie de PIERRE GUILLET, Imprimeur
du Roi, de Monfeigneur l'Évêque de Viviers, des
États particuliers du Vivarais & du Clergé.

M. D. CC LXXXIX.

AVERTISSEMENT.

LES Solitaires de la Montagne de Brieux, plus connus sous le nom d'Hermites de St. Montan, étant depuis plus d'un Siecle la bonne odeur de Jesus-Christ, ne seras-ce pas une chose agréable à ce Divin Redempteur, de publier les merveilles de sa grace dans ce Saint Institut ? Ce qui est petit aux yeux des hommes est souvent très-grand à ses yeux Divins, & a par conséquent plus de grandeur réelle : tandis que ce que les hommes estiment le plus, est souvent très-méprisable en lui-même. De tout tems l'Etre Suprême s'est plû à se servir des plus foibles instrumens pour opérer les plus grandes merveilles. Voilà ce que des yeux épurés & éclairés par la Foi appercevront dans la société Religieuse dont nous allons faire conoître l'origine, la Fondation, les Réglemens & l'esprit : on cessera d'être surpris que cette Congrégation d'hommes soit aujourd'hui celle qui attire plus de prosélites.

a

Les Membres de cet Institut, à l'usage desquels cet Ouvrage est immédiatement destiné, verront avec plaisir l'Histoire de leur Vénérable Patriarche, & elle ne contribuera pas peu à les soutenir dans l'imitation de ses Vertus. Si d'autres personnes pieuses prennent la peine de le lire, elles seront édifiées de voir dans ces siecles corrompus la vie érémitique rélevée de l'avilissement où elle étoit tombée par les déreglemens de la plus part de ceux qui la professoient, & ce sera avec plaisir qu'elles reconnoîtront encore dans les Déserts quelques traces des Paul, des Antoines & des Hilarions.

Notre qualité d'Aumonier de cette Ste. Maison nous a mis à portée de rechercher & d'examiner les Mémoires nécessaires pour cet Ouvrage : en quoi nous n'avons rien négligé : nous avons presque toujours travaillé d'après les Manuscrits du célebre frere Claude, Successeur du Vénérable Pere Jean, homme d'un sens exquis, & d'une parfaite droiture, lequel avoit passé vingt ans avec ce Vénérable Patriarche.

Comme l'esprit des grands Serviteurs de Dieu se montre dans toutes leurs productions, nous joindrons à la Vie du V. Pere Jean, un recueil de ses Ecrits, qui sont des Maximes pour la vie spirituelle, des Traités sur les points les plus importants de la vie Religieuse, des Exhortations à ses enfans, des Lettres à ses Amis, & des sages Réglemens pour sa Communauté, en sorte que notre opuscule aura trois parties : dans la première, nous rapporterons simplement l'Histoire de la vie de notre Saint ; dans la seconde, nous réfléchirons sur ses vertus ; dans la troisiéme, nous transcrirons ses Ecrits.

Quelque Lecteur sera surpris de voir le P. Jean changer souvent de Retraite ; mais qu'il considère avec attention les motifs de ces changemens, & il n'aura garde de soupçonner notre St. de curiosité, encore moins d'inconstance & de légereté.

ABRÉGÉ

DE LA VIE

Du Vénérable Pere JEAN BRUZEAU, Prêtre, Fondateur, & premier Supérieur des Solitaires de St. Montan.

L'histoire de sa Vie.

LE vénérable Jean Bruzeau, naquit à Tours, Ville Capitale de la Touraine, l'an 1628, sous le Regne de Louis XIII, durant le pontificat de Grégoire XV, & dans le tems que le fameux Comte de Moret, qui devoit un pour lui donner l'habit Érémitique, concouroit à la célèbre révolution qui le conduisit lui-même à la vie solitaire. (Ce Comte étoit un fils naturel d'Henri IV, qui avoit suivi le parti du Connétable de Montmorenci, & qui se retira dans le désert après la Bataille de Castelnaudari, où le Connétable fut fait prisonnier.) Notre St. sortoit d'une très-honorable famille, également distinguée par sa pieté & par ses grands biens. Ses parens eurent grand soin de son éducation; ils l'envoyerent aux écoles publiques, & le jeune Bruzeau s'y fit admirer par la vivacité de son esprit & par la solidité de son Jugement. Ses études ne nuisirent point à l'esprit de pieté que lui avoient inspiré ses vertueux parens; au contraire, plus il acquit de connoissances, plus il s'attacha au service de Dieu; les mauvais exemples du Collège furent toujours pour lui un objet d'horreur & de fuite.

Ayant fini ses études, il examina quel étoit l'état auquel Dieu l'appelloit; avant que de le bien connoître, il écouta ses parens qui lui proposerent d'embrasser la condition de Marchand d'étoffes en soye, comme il étoit accoutumé à faire aveuglement leur volonté, il entra d'abord dans cet état, en attendant que Dieu lui manifesta plus clairement des desseins qu'il avoit sur lui. L'Auteur de tous biens récompensa cette obéiffance par des fuccès incroyables : le Jeune Bruzeau dans fon commerce obfervoit un équité digide, & cependant il fit en peu de tems de fi grands profits, qu'il fut en état d'acheter plusieurs fonds confidérables.

Tout cela, bien loin de l'attacher au monde, ne fervit qu'à l'en dégoutter. Dieu qui en avoit fait un vafe d'élection, lui fit fentir les dangers des richeffes, & notre jeune homme n'héfita pas à imiter les Pauls & les Antoines qui avoient tout quitté pour fuivre la pauvreté de Jefus-Chrift. L'Efprit Saint dont il fuivoit depuis longtems les impreffions, lui fit connoître qu'il étoit appellé à une vie plus parfaite que n'eft celle que menent les personnes les plus vertueuses du siecle : je veux te conduire dans la solitude , lui disoit-il dans le secret de son ame : là je te parlerai au cœur, & rien ne te détournera, & ne t'empêchera d'entendre & de suivre ma voix : considére attentivement les précieuses faveurs que j'ai faites aux Saints habitans de la Thébaïde , & tu ambitionneras leur sort.

Ils n'en fallut pas d'avantage pour engager notre jeune homme à renoncer à toutes les richesses dont il étoit déjà en possession; les honneurs & les plaisirs dont il pouvoit jouir dans sa Patrie , n'eurent plus d'attraits pour lui , & marchant sur les traces des premiers Peres du Desert, il renonça à tout, prit Jesus-Christ pour son unique partage, & se résolut à aller le servir dans quelque solitude éloignée : il communiqua son dessein à deux amis, sages & pieux comme lui ; car il n'en vouloit point d'autres : ceux-ci furent fort édifiés de sa généreuse résolution, & par son exemple touchés du désir

de se donner entierement à Dieu, ils
répondirent qu'ils vouloient de suivre ;
mais, repliqua en riant notre St. jeune
homme, le voyage sera long : car je
pretends aller dans la Thébaïde ; c'est
là qu'un million de solitaires se sont sanctifiés : cette Sainte Retraite me rap-
pellera efficacement leurs exemples, &
je serai tout animé à les suivre : dailleurs, plus je serai loin de ma patrie,
plus je serai à l'abri de la séduction. Fal-
lut-il aller au bout du monde, nous voulons vous suivre, ajouterent ces deux
amis, parce que l'affaire du salut est aussi
importante pour nous que pour vous.
Dieu soit béni, dit Jean Bruzeau ; je
me charge volontiers d'être votre conducteur en un si saint Pelerinage.

Il fut donc résolu qu'ils partiroient
ensemble : ils mirent ordre à leurs affaires : le Pere Jean vendit toute la
Marchandise qui lui restoit, donna une
partie du prix aux pauvres, & se ré-
serva l'autre pour les frais de son voyage : quant à ses météries, il les céda
sous pension à Mr. Noyau, qui avoit

Epousé sa Niece ; après quoi nos trois
jeunes gens dirigerent leurs pas vers le
port de Marseille, à dessein de s'y embarquer pour l'Egipte. Durant le cours
de leur voyage ils ne s'entretenoient que
de choses saintes : ils s'enflâmmoient mu-
tuellement de l'amour de Dieu : comme ils mettoient toute leur confiance
en Jesus-Christ, ce Dieu de consolation
les remplissoit d'une sainte allegresse ;
& le cœur dilaté de joie, ils marchoient
à pas de géant vers le terme de leur
voyage.

Quand ils furent arrivés à Marseille,
Dieu mit à l'épreuve leur fidélité, en
permettant qu'il n'y eut point de Vais-
seaux qui put favoriser leur dessein. Ils
attendirent une occasion favorable l'espace de huit mois, sans pouvoir la
trouver. Pendant cet intervalle ils vi-
siterent tous les Hermitages des environs de Marseille pour trouver quelque Saint Hermite qui leur donnat
l'Habit de Solitaire, ou qui leur indi-
quat quelqu'un qui les en revêtit, selon la forme convenable. Mais à leur
grand

grand regret ils ne trouverent dans ces Hermitages que des mauvais sujets, dépourvûs de charité pour le prochain, & de zèle pour leur état. L'ennemi de notre salut ne manqua pas de saisir cette occasion de leur inspirer le découragement & le dégoût de leur sainte entreprise ; il excita dans leur imagination des nuages épais, & mit dans leur esprit mille incertitudes touchant leur vocation à la vie érémitique : La tentation fut longue & très-violente.

Dans cette dangéreuse situation, ils n'oublierent pas de recourir à l'Auteur de toutes lumieres : ils redoublerent leurs instances auprès de Dieu. L'Esprit Saint inspira à Jean Bruzeau d'aller à Marseille consulter l'Abbé de St. Victor, recommandable par sa piété & son savoir. Le dessein que vous avez de vivre dans la solitude vient assurément de Dieu, leur dit, le St. Abbé ; mais quant aux choix que vous avez fait de la Thébaïde pour le lieu de votre retraite, Dieu ne l'approuve pas : aujour-

B

d'hui que la Religion Mahometane est répandue par toute l'Egypte, vous ne seriez ni en sûreté, ni en repos dans ce pays là, il ne manque pas de Déserts en France, où vous pourrez vous retirer, & vos bons exemples procureront ici plus de gloire à Dieu, qu'ailleurs.

Ces paroles furent pour eux un oracle sorti de la bouche de Dieu même : la paix & la tranquillité qu'elles produisirent dans leur ame, leur en parut une preuve certaine : ils ne penserent plus à la Thébaïde : ils chercherent un Désert aux environs de Marseille, afin d'être à portée de consulter de tems en tems le St. Abbé qui leur sembloit être destiné de Dieu à leur servir d'Ange conducteur. Peu de tems après ayant trouvé une solitude convenable, ils vinrent en avertir le St. Abbé, qui approuva leur résolution, ils prirent sa Bénédiction, & se disposerent à partir pour s'y fixer.

En ce même tems deux jeunes Lyonnois de bonne famille, arriverent à

Marseille dans le deſſein de s'y Embarquer auſſi pour aller dans les Déſerts de l'Egypte : ayant fait connoiſſance avec nos trois Tourangeaux, ils ſe joignirent à eux & les ſuivirent dans leur ſolitude. Déſormais ces cinq proſélites du Déſert vécurent enſemble, comme bons freres : ils firent tous leurs exercices ſpirituels en commun, ils ne ſortoient de leur ſolitude que le St. jour de Dimanche pour aller aſſiſter au ſacrifice de nos Autels, & pour participer aux Sacremens de vie : en allant & en venant, ils enchantoient tout le monde par leur modeſtie. Le pain & l'eau faiſoient toutes leur nourriture corporelle, & ils n'avoient preſque d'autre ſouci que celui de nourrir leur ame : l'Oraiſon, la Priere vocale, la lecture des Sts. livres, les pieux entretiens & les pratiques de pénitence rempliſſoient toute leur journée : l'union dans laquelle ils vivoient étoit ſi étroite & ſi générale, qu'il ſembloit qu'il n'y avoit en eux qu'un cœur & qu'une ame : tous commandoient, & tous obéiſſoient.　　B 2

Cependant , pour donner plus de régularité & de confiſtance à leur congrégation , ils convinrent de ſe donner un chef , en éliſant un Supérieur : La choſe ne fut pas facile à faire , chacun ſe croyant indigne de cette charge , il y eut entr - eux un combat d'humilité , & jamais cette vertu n'a eu un triomphe plus agréable. Quoique Jean Bruzeau eût été le premier mobile de leur Ste. entrepriſe , & qu'il eût donné des marques d'une ſageſſe , d'une doctrine & d'une vertu ſupérieures , néanmoins il ſe croyoit plus incapable que ſes Compagnons de bien remplir cet emploi. Que feront-ils pour terminer cette ſainte conteſtation ? Mûs par le même eſprit que les Apôtres , ils conviennent d'imiter la conduite que tinrent ceux-ci dans l'élection de St. Mathias ; comm-eux ils adreſſent au Ciel des ferventes prieres , ils font des Jeûnes rigoureux , & ils abandonnent la déciſion de cette affaire à la divine Providence. Ils tirent au ſort , & Dieu fait tomber le choix ſur Jean Bruzeau.

Le Père Jean se soumit à un Ordre qui venoit certainement du Ciel, & quoiqu'il en coutât infiniment à son humilité, il accepta la Charge de Supérieur. Ses Compagnons remercièrent Dieu de tout leur cœur de ce qu'il les avoit exaucés, & protestèrent dans toute la sincérité de leur ame, qu'ils obéiroient en tout au Père Jean : ils le prièrent de leur composer une Règle, promettant d'en être les fideles observateurs.

Le nouveau Supérieur commença par régler l'ordre & la qualité des Prieres, soit mentales, soit vocales. Il ordonna, 1°. qu'on feroit Oraison deux fois par jour, savoir, le Matin & le Soir, parce que disoit-il, cet Exercice est celui qui contribue le plus à la sanctification de nos ames. 2°. Que chaque jour on reciteroit ensemble trois Litanies, savoir; celles du St. Nom de Jesus, le matin, celles de la très-Sainte Vierge à midi, & celles de tous les SS. à la prière du Soir. Les autres Prieres vocales qu'on réci-

B 3

toit chaque jour, & qui étoient fort
longues, ne nous font pas connues.

Ensuite il régla les Lectures & les
Conférences spirituelles qui devoient
se faire chaque jour. Ils avoient porté
dans le Défert beaucoup de Livres de
piété, & parmi ces Livres le Supérieur choisit pour chacun ce qui lui
convenoit mieux. En lifant, ils don-
noient à leur ame une nourriture qu'ils
digeroient ensuite en conférant enfemble ; dans la lecture les SS. les entretenoient, & dans la Conférence c'étoient
d'autres Saints qui s'entretenoient enfemble : Leurs entretiens spirituels
étoient toujours accompagnés d'une
gayeté & d'une onction qui les faifoient
trouver toujours trop courts : Les
moins éclairés dans les voies de Dieu
y devenoient bien-tôt habiles : les pié-
ges du Démon y étoient découverts,
& on y apprenoit tous les moyens
propres à les faire éviter ; par là ils
formoient une milice spirituelle, redou-
table, & invincible à tout l'Enfer.

Voici quelle étoit leur manière de

vivre dans ce premier Défert. Ils n'avoient point d'autre lit que la plate terre dans quelque antre de rocher : ils dormoient fort peu de tems : le pain étoit toute leur nourriture, & l'eau leur boisson. Quel début pour des Novices ? Qu'auroient-ils pû faire d'avantage dans la Thébaïde, & qu'y firent de plus ses premiers habitans ? Ne semble-t-il pas que leurs commencemens étoient fervens à l'excès, & qu'ils n'eussent pris leur vol trop haut ? Il est vrai que de tems en tems ils visitoient les Hermitages voisins pour trouver quelque St. Solitaire qui pût les loger chez-lui, offrant de faire des ouvrages qui les mettroient en état de n'être à charge à personne : mais n'en trouvant que de lâches au service de Dieu, ils aimoient mieux revenir dans leur premiere retraite, & reprendre leurs austérités, & par un soin vraiment miraculeux de la Divine Providence, leur santé n'en fut point altérée.

Le Pere Jean qui les surpassoit tous

en ferveur, bien loin de se rebuter de
cette exceſſive pénitence, prit la ré-
ſolution de pénétrer plus avant dans
le Déſert pour cacher les rigueurs par-
ticulieres dont il vouloit uſer contre
ſon corps, & pour vaquer plus libre-
ment à la contemplation. Il prit quelque pain, & s'en alla tout ſeul. Ayant
conſommé ſa petite proviſion, il fut
réduit à manger des raiſins ſauvages
qu'il trouvoit çà & là. Enfin ſe ſentant
épuiſé de forces, & craignant de tenter Dieu, il vint rejoindre ſes quatre
Compagnons au lieu où il les avoit
laiſſés.

Quelle joie pour ceux-ci, de re-
couvrer leur Pere, leur Maître &
leur ſoutien ! Ils le prierent inſtam-
ment de ne plus s'éloigner deux, parce que dans ce commencement de la
vie érémitique, ils avoient beſoin d'un
Chef tel que lui pour ſortir victorieux
de tous les combats que leur livroit
l'ennemi du ſalut. Après avoir goûté
quelque tems le doux plaiſir de ſe
revoir, ils délibérerent entr'eux de

prendre enfin l'habit folitaire : ils ne vouloient s'en revêtir que dans la forme convenable. Ils allerent d'abord confulter le R. Pere Gardien des Cordeliers de Marfeille : celui-ci les accueillit très bien , & promit de faire la cérémonie de leur prife d'Habit , quand ils voudroient. Notre Saint jugea à propos d'attendre encore quelque tems : il avoit toujours défiré de recevoir l'habit érémitique de la main de quelque St. Solitaire , parce qu'il étoit perfuadé , qu'alors le Seigneur y répandroit plus de Bénédictions : en attendant ils acheterent des étoffes convenables pour leur habit , & firent la vifite des autres Hermitages qu'ils n'avoient pas encore vûs , efpérant toujours de trouver enfin quelque St. Hermite qui, en leur donnant l'habit , les revêtit de fon efprit.

Quelque perquifition qu'ils puffent faire , ils ne réuffirent point dans leur deffein. Cependant l'argent qu'ils avoient porté dans leur folitude étoit fur fa fin : le découragement s'empara de l'esprit des deux Freres Lyonnois : ils quitterent la Ste. Compagnie , & on ne sait point ce qu'ils dévinrent dans la suite. Le Pere Jean & ses deux autres Compagnons persévererent encore quelque tems dans le même Désert, vacans aux mêmes Exercices qu'auparavant ; mais enfin leur bourse étant épuisée , & ne voulant point vivre d'aumônes, ils vendirent l'étoffe qu'ils avoient achetées , & se procurerent ainsi de quoi faire le voyage de Lyon , où le Pere Jean devoit recevoir de l'argent par Lettre de change.

En faisant ce voyage ils passerent par l'Hermitage de St. Bodile en Dauphiné , Diocèse de Vienne , Paroisse de Vierville , ils y furent très-bien reçus par le Pere Jean-Jacque qui y étoit alors dans une grande réputation de Sainteté & de capacité ; (c'est ce fameux Comte de Moret dont nous avons parlé au commencement de cette Histoire.) Cette heureuse rencontre les consola merveilleusement , & leur fit oublier tous les embarras du passé. Le

Pere Jean entendit une voix secrette qui lui disoit que c'étoit ici l'homme déstiné de Dieu à lui donner le St. Habit érémitique ; que le Ciel l'avoit éprouvé jusqu'à lors pour lui faire mériter cette grace, & qu'il alloit lui communiquer abondamment par son ministere l'esprit des anciens Solitaires de la Thébaïde.

Le Père Jean-Jacque, plus communement appellé le Père Jean-Baptiste, ou le St. Hermite d'Anger leur promit en effet de leur donner l'Habit après lequel ils soupiroient depuis si long-tems : cette promesse mit le comble à la joie de notre St. ; mais Dieu qui à l'égard de ses Serviteurs mêle toujours les amertumes avec les douceurs, permit alors un évènement qui tempéra beaucoup son plaisir : un de ses Compagnons donna dans un piege qui lui fit perdre sa vocation : voici comment la chose arriva.

Ce Frere, dont le nom nous est inconnu, avoit encore son Père & sa Mere, lesquels étoient fort affligés de

Son absence : pour l'engager à revenir auprès d'eux, ils s'aviserent de ce stratageme : ils firent écrire à leur Fils que son Pere & sa mere étoient morts, qu'ils lui avoient laissé tous leurs biens avec des affaires qui demandoient absolument sa présence, que quels que fussent ses sentimens à l'égard de cet héritage, la prudence exigeoit qu'il vint alors pour arranger toute chose. Il communiqua cette Lettre au Pere Jean, qui y reconnut tout desuite les ruses de l'ancien serpent. Savez-vous, lui dit ce prudent Supérieur, ce que notre Seigneur répondit à un de ses Disciples, qui lui demandoit la permission d'aller ensevelir son Pere ? Laissez aux morts le soin d'ensevelir leurs morts, lui dit ce Divin Maître. Voilà ce que je vous conseille moi-même : vous êtes morts au siecle : vous avez renoncé à tous les biens de la terre & vous avez pris Jesus-Christ pour votre unique partage : pourquoi voudriez-vous régarder derriere vous, & rétourner aux choses dont vous avez fait le sacrifice ? malgré ce touchant Discours du maître le disciple partit, et il imita le corbeau qui ne retourna pas dans l'arche de noé.

(ici l'imprimeur a omis 3 pag)

Après avoir travaillé long-tems à la
réforme de cette Hermitage, notre
Pere Jean voyant que leurs travaux
étoient inutiles, & ne trouvant dans
cette Communauté endurcie que des
obstacles a sa sanctification, & à celle
de son ancien Disciple, crut que l'heure de Dieu n'étoit point encore ve-
nue, & qu'on pouvoit renvoyer la
bonne œuvre à un autre tems; c'est
pourquoi il se retira avec l'agrément
du R. P. Jean-Baptiste, qui ne l'a-
voit jamais regardé comme son infé-
rieur, mais comme son collègue &
son associé. Il avoit auparavant décou-
vert une Retraite propre aux desseins
de la ferveur: un Hermite fort régu-
lier lui avoit proposé de venir rester
avec lui à la solitude de St. Didier en
Dauphiné. C'étoit un Désert affreux,
d'un très-difficile accès, & où les gens
du monde ne pénétroient jamais : notre St. s'y rendit pour se livrer entierement à la pénitence & à la contemplation. Comme dans cet Hermitag
il n'y avoit que deux cellules, notr

C

† De S. chau-
mont au
Diocese du
puy.

St. s'en creusa une dans la terre, voulant que son compagnon occupa celle qui étoit libre; là il vecut en Ange, plutôt qu'en homme mortel : il avoit alors un don sublime d'oraison, & vivoit dans une union actuelle & non interrompue avec son Dieu.

Cette grotte souterraine, qu'habitoit le P. Jean, devoit naturellement déranger sa santé, Dieu ne jugea pas à propos d'arrêter ici en faveur de son serviteur les effets des causes secondes, prévoyant que la maladie contribueroit beaucoup à sa perfection : il fut attaqué de la sciatique dans toutes les jointures de son corps, & il en supporta les cruelles douleurs avec une patience héroïque. Le P. Jean-Baptiste qui s'informoit exactement de tout ce qui le regardoit, ayant appris le triste état où il étoit réduit, le conjura de revenir à St. Bodile où il étoit alors : notre St. crut devoir se rendre à la tendre sollicitation de son pere spirituel, d'autant plus volontiers qu'il s'agissoit d'aller dans un Hermi-

tage , où regnoit une parfaite régularité , & où il trouveroit toutes fortes
de fecours pour avancer dans les voïes
de Dieu.

Ces deux Sts. Hermites fe revirent
avec une joie inexprimable , & fi la
providence l'avoit eû pour agreable ,
ils ne fe feroient jamais plus féparés :
ils vecurent dans l'union la plus étroite & la plus fainte , & ne fortirent
point de cet Hermitage jufqu'à ce que
le P. J. Baptifte ayant été de nouveau
appellé au mont Cindre pour y affermir la réforme qu'il y avoit enfin établie , ils partirent enfemble pour aller
travailler conjointement à cette œuvre
de Dieu : ils s'y occuperent fans rela-
che pendant une année , & on ne fauroit dire qui de deux y contribua plus
à la gloire de Dieu. Le Pere Jean y
déploya les grands Talens qu'il avoit
reçus, foit de la nature, foit de la grace. L'expérience qu'il avoit acquife en
différens Hermitages, lui fervit beaucoup pour manier les efprits dans celui-
ci. Les bonnes études qu'il avoit faites

dans sa jeuneffe , & les Sts. Livres qu'il
avoit lus, avoient rempli fon efprit de
toutes fortes de connoiffances , folides
& utiles : il étoit fort éclairé , & il avoit
une fcience & une érudition qui faifoient
fouhaiter qu'on l'élevat au Sacerdoce.

Le Pere Jean-Baptifte qui connoiffoit
cette capacité mieux que perfonne , &
qui fut toujours , comme font les grandes ames , inacceffible à la jaloufie , dé-
firoit plus que tout autre que fon fils
fpirituel fût honoré de la Prêtrife pré-
férablement à lui ; mais il falloit vaincre l'humilité du Pere Jean , & c'eft à
quoi on ne croyoit pas pouvoir réuffir :
on héfite : on attend : enfin arrivé le
moment favorable où le Pere Jean-
Baptifte le prie de confidérer , que s'il
étoit prêtre , il contribueroit incomparablement plus à la gloire de Dieu ,
& à celle de l'état érémitique ; que
Dieu lui ayant donné la capacité néceffaire pour cet état, il devoit s'en rapporter à la détermination de Noffeig-
neurs les Evêques , que lui-même fe
croyoit obligé de parler de cette af-

faire à Monseigneur l'Archêvéque de
Lyon, dans le Diocèse duquel ils habitoient, & que son avis étoit que la
volonté de ce Prélat fut suivie aveuglement en ce point.

Quelque grave & sérieux que fût ce
discours, le Pere Jean ne put se persuader qu'il lui fût permis de prétendre à la dignité Sacerdotale ; & il prit
ce raisonnement sur le ton du badinage.
Quelle apparence, dit - il, que notre illustre Archevêque pense jamais
à faire un Prêtre d'un Hermite, &
d'un Hermite tel que moi ? La méta-
morphose seroit singulière. Le Père
Jean-Baptiste avoit cette affaire trop
à cœur pour la perdre de vue : il en
parla à Monseigneur l'Archevêque qui
approuva aussi-tôt l'entreprise, & dit
avec bonté qu'il vouloit donner lui
même la pretrise à notre Saint. A
cette nouvelle le vénérable Pere Jean
fut saisi d'un tremblement général :
comme il connoissoit parfaitement la
haute dignité qu'on lui proposoit, &
qu'il avoit de lui même les plus b...

sentimens, il s'en croyoit absolument indigne : il la reverroit profondément dans ceux qui en étoient revêtus, & ceux-ci étoient à ses yeux plus grands que les Anges mêmes. Quel moyen prendra-t-on pour la lui faire accepter ? On le prie de réfléchir, que les SS. qui avoient pensé comme lui, avoient aussi craint de s'opposer à la volonté de Dieu, & qu'ayant bien connu cette volonté, ils avoient courbé les épaules sous le fardeau. Hé bien, dit il, qu'on m'accorde quelques années de délai pour me préparer, & alors on décidera ce qu'il y aura à faire.

Dès lors notre Saint se mit en devoir d'acquérir toutes les connoissances nécessaires à un Prêtre, il choisit pour maîtres les plus Saints & les plus savans Prêtres qu'il connut, savoir ; 1º. Mr. le Laboureur, Prévôt de l'Isle, Barbe proche de Lyon, sous lequel il fit de grands progrès. 2º. Le fameux Mr. Courbon, qui étoit en réputation de sainteté ; aussi le prit-il encore pour Directeur de sa conscience.

& eut en lui une confiance fans réferve. Ces deux Maîtres ne fàvoient ce qu'ils devoient admirer d'avantage dans le Difciple, ou la ferveur de la piété, ou la rapidité de la fcience, ils ne doutoient pas que notre Bienheureux n'eut un Maître invifible qui lui en apprenoit plufqu'eux; & voilà auffi pourquoi la fcience ne l'enfloit point, & pour être plus favant, il n'en étoit que plus modefte & plus humble.

Peu de tems après s'être mis fous la difcipline de ces deux excellens Maîtres, Jean Brureau reçut la Tonfure, & à l'Ordination fuivante, les Ordres mineurs de la Main de Monfeigneur Camille de Neufville Archevêque de Lyon. Quand il fut tems de prendre les Ordres facrés, il fe vit à regret dans la néceffité de faire un voyage à Tours, fa patrie, (tant il en étoit détaché) il lui falloit un titre Clérical, & pour l'établir, fa préfence y étoit néceffaire. Le pere Jean-Baptifte offrit de l'accompagner dans ce voyage, ils le firent heureufement jufqu'à Tours. On laiffe à juger

de là joie que ressentirent les parens du
Pere Jean, en le revoyant après une absence de plus de treize ans : il ne leur
accorda pas long-tems cette douce sa-
tisfaction: il termina son affaire à la hâte,
& repartit avec son pere spirituel pour
revenir au Mont-Cindre. Leur retour
fût traversé par un accident fâcheux :
ils trouverent en Chemin un Voleur
qui les assassina ; mais comme ils étoient
pleins de confiance en Dieu ; Dieu ne
leur manqua pas dans cette extrêmité :
par un effet de sa providence paternelle, il parut tout-à-coup près d'eux un
homme résolu & menaçant, qui in-
timida l'assassin, & l'obligea de prendre
la fuite. Le premier soin de nos deux
voyageurs fût de remercier le Seigneur
de les avoir tirés d'un si mauvais pas :
ensuite ils s'entretinrent long-tems sur
les amabilités de la divine Providence,
& la confiance qu'ils y avoient toujours
eû s'augmenta beaucoup, de même que
leur dévotion envers les SS. Anges.

Arrivé au Mont-Cindre, le Pere Jean
ne pensa qu'à se préparer d'une manie-

re prochaine à la reception des Ordres
Sacrés. Mgr. l'Archevêque le preſſoit
de venir au plutôt pour aſſiſter à l'Ordination : il ſe rendit aux ordres de ſa
Grandeur, & reçut le Soûdiaconat.
Aux deux Ordinations ſuivantes, il fut
promû au Diaconat, & à la Prêtriſe :
il paſſa l'intervalle d'une Ordination à
l'autre dans la plus grande ferveur, &
dans de continuels exercices de piété :
auſſi reçut-il la plénitude des dons de
l'Eſprit Saint par l'impoſition des mains
du Prélat qui l'ordonna Prêtre. Comme
S. Bodile étoit le lieu où il croyoit
avoir reçû du Ciel plus de graces, &
que d'ailleurs le Pere Jean-Baptiſte,
& le Pere Antoine d'Azols s'y trou-
voient, il le choiſit pour dire ſa premiere Meſſe, & eut pour aſſiſtans ces
deux Saints Hermites. Quelque tems
auparavant notre Saint avoit fait connoiſſance avec un Hermite d'un mérite diſtingué, appellé le Frere Paul
de Givaudan, lequel reſtoit ſeul dans
l'Hermitage de la Madelaine de Pila,
Montagne du Diocèze de Vienne aux

confins du Lionnois & du forez : il
lui avoit même promis d'aller refter avec
lui, parce qu'il prévoyoit que les Hermites du mont-Cindre ne verroient pas
de bon œil dans le fein de leur Communauté une Hermite Prêtre, & que
dailleurs le Pere Jean-Baptifte quit-
teroit bien-tôt cet Hermitage, où il
l'avoit accompagné par pure complai-
fance. La divine Providence qui l'avoit
deftiné à fonder une Communauté Religieufe, le faifoit foupirer après une
maifon où il pût recevoir des Difciples, qui puffent être les pierres fondamentales de cet édifice. C'eft pourquoi après être revenu paffer quelques
jours au mont-Cindre, il quitta cet
Hermitage pour toujours : il y laiffa fon
Difciple, fuivant l'avis du Pere Jean-
Baptifte, & alla joindre le Frere Paul
de Givaudan. Celui-ci le reçut comme
un Ange defcendu du Ciel, & le pria
d'exercer la charge de Supérieur de la
Maifon.

En conféquence le Pere Jean y reçut d'abord deux Difciples, favoir, le

Frere Joseph, dit Janvier, homme d'un
grande vertu, issu d'une Famille ho
norable du Dauphiné, & le Frere Martinien, dont on admiroit la Sainteté &
qui avoit fait toutes les études nécessaires pour être élevé au Sacerdoce.
Ces deux freres composerent avec le
Frere Paul pendant quelque tems toute
la Communauté du vénérable Pere Jean.
Cette petite Congrégation, animée par
les instructions & les exemples de son
chef, marchoit à grand pas dans les voies
de la perfection religieuse : elle prenoit
pour modéles les anciens solitaires dé-
gypte, & les copioit parfaitement : on
employoit à la lecture, à l'oraison &
aux conférences spirituelles la plus grande partie du tems : l'autre partie étoit
destiné aux ouvrages manuels, n'ayant
point de biens fonds, & le travail des
mains ne suffisant pas pour fournir a
leur subsistance, ils étoient obligés de
faire la quête, & de vivre en partie
d'Aumônes : l'air de sainteté qu'ils portoient dans le monde, leur en procuroit
d'abondantes, & ils en assistoint les

autres pauvres: ils ne se bornoient pas
à l'Aumône corporelle, ils faisoient encore l'Aumône spirituelle en visitant &
consolant les affligés, en instruisant les
ignorans des lieux circonvoisins, & en
faisant la correction aux pécheurs: bien-
tôt ils repandirent la bonne odeur de
Jesus-Christ dans tous le Pays, & on
ne parloit par tout que des austerités,
des prieres & des charités de la Magdelaine de Pila. Ils vecurent ainsi, au
nombre de quatre, l'espace de sept années.

Voici quelques traits particuliers de
la conduite du Pere Jean à l'égard de
ses Disciples. Il veilloit exactement sur
ses Religieux, & prenoit garde qu'ils
ne connoissent aucun péché, même
veniel: toute offense de Dieu irritoit
son ame & la mettoit dans une sainte
inquietude: il faisoit la guerre aux
moindres imperfections, & aussi-tôt
que quelqu'un avoit fait quelque leger
manquement, il lui faisoit la correction, mais si prudemment & avec tant
de charité qu'on l'en remercioit toujours; il ne commandoit rien dont il

n'eut donné auparavant l'exemple, &
ses ordres n'étoient que l'écho de sa conduite, ensorte qu'on auroit eu honte de
refuser de faire ce qu'il commandoit :
il avoit toujours présent à son esprit
ce verset de l'Evangile, où il est dit que
notre Seigneur commença par faire, &
qu'ensuite il enseigna : il avoit une
égale charité pour tous & jamais il ne
fit acception des personnes. Pour que
ses disciples fussent plus libres de vaquer à tous les exercices spirituels, il
les dispensoit du soin des affaires de la
maison, & portoit presque seul cette
pésante charge : il recommandoit à ceux
qu'il chargeoit de la quête, une grande
modestie, une vigilance générale, &
une priere continuelle.

A la fin de la septieme année de leur
séjour à Pila, Dieu augmenta le troupeau de ce bon pasteur. Le Frere Claude Ferret, le frere Chenèvès, & le frere Paul Berlier furent reçus comme trois
bons sujets envoyés par la divine providence : le premier de ces trois freres
surpassa tous les autres en l'imitation

D

des vertus du vénérable Supérieur, & il fut dans la suite son successeur. On vit alors cette Communauté religieuse, ainsi composée de sept personnes se livrer à la plus grande ferveur dans le service de Dieu. Le don d'Oraison dont le chef étoit favorisé se communiqua à tous les membres. Un amour tendre, & généreux pour Jesus-Christ, une dévotion spéciale à sa très Ste. Mere, une conformité & une résignation parfaite à la volonté de Dieu, un détachement général des choses terrestres, une mortification & une pénitence continuelle, un silence rigoureux, & une solitude exactement gardée, voilà leur caractère. Pour l'ordinaire leur Saint Supérieur se contentoit dans ses repas d'un peu de pain, d'ail, & de sel : il ne buvoit presque pas de vin; il faisoit servir à ses Freres des racines & des herbes, quelque fois des choux & du fromage. A ces mortifications on ajoutoit beaucoup de macérations corporelles. En un mot, les Saints solitaires de la trappe qui venoient d'embras-

fer l'étroite obfervance ; né vivoient
pas plus aufterement qu'eux , & la
gloire du défert répandoit un éclat qui
fe faifoit fentir dans toute la France.

Cependant, Dieu qui avoit éprouvé
la vertu du Pere Jean dès qu'il s'étoit
dévoué à la vie érémitique , jugea à
propos de l'éprouver encore avec plus
de rigueur que dans fes premieres années : il l'expofa aux plus rudes cóm-
bats , comme un foldat aguerri fur lequel il pouvoit compter ; mais auffi il
lui accorda les plus infignes triomphes.
Les plus vives perfécutions lui furent
fufcitées par des faux Freres qui trou-
voient dans fa conduite la cenfure de
la leur , & qui font toujours les ennemis les plus dangéreux. Dieu en pu-
nit un d'une maniere bien éclatante ,
en permettant qu'il fut honteufement
chaffé de fon hermitage. Plufieurs perfonnes du monde exercerent auffi fa vertu ; mais comme un autre Job , il attendit
patiemment que Dieu prit fa défenfe.
Allant à Lyon fur le Rhône, un hom-

me le chargea d'injures : le faint ne lui
dit pas un mot : cet homme à peine arrivé fur le pont de Lyon, tomba mort
fubitement fans s'être plaint de rien auparavant, de forte que tous fes compagnons de voyage en furent extrêmement frappés, & ne purent s'empêcher
de regarder cet accident, comme une
punition des infultes faites à notre faint.

Un gentil-homme lui fufcita un procès injufte qui dura affez long tems,
& pendant cet intervalle il ne ceffa de
le calomnier : fouvent même il lui fit des
affronts & des contumelies attroces. Le
faint ne lui dit autres paroles que celles-ci, *Je crains, Mr. que vous n'ap-
pefantiffiez la main de Dieu fur vous.*
Ce fut une prédiction : car le gentil-
homme peu de tems après fut frappé
de mort.

Quelque tems auparavant, par ordre
de Mgr. l'Archevêque de Vienne, notre
St. avoit fait un voyage à l'Hermitage
de St. Bodile, & il y avoit contracté
une infirmité qui le faifoit encore fouffrir beaucoup : pendant le féjour qu'il

y fit, on l'avoit logé dans une Ce-
lulle ouverte à tous les vents, quoiqu'on fut alors dans la saison la plus
froide de l'année : son excessive mortification lui avoit fait accepter ce
logement : il y avoit pris sur les yeux
une fluxion si forte qu'il en perdit
presque la vue. Comme il souffroit
des douleurs très-violentes, on l'en-
gagea à aller à la Côte St. André
pour y consulter un Médecin très-ha-
bile dans ces sortes de maladie ; mais
les remèdes de celui-ci n'opérèrent
aucun bon effet. On lui ordonna de
retourner à Pila, jugeant que l'air
de ce pays-là seroit plus favorable
à ses yeux : on lui enjoignit en même
tems de ménager beaucoup sa vue,
en lisant fort peu de tems : il se soumit à tout avec cet esprit de Réli-
gion qui animait toutes ses démarches. Dans cet état d'humiliation &
de souffrance, il se souvenoit souvent
& avec plaisir de ce que dit le St.
homme Tobie, lorsqu'il perdit la vue :
Seigneur, si vous voulez que je so

D 2 B

dans la lumiere , que votre nom soit béni ; mais si vous voulez que je sois dans les ténèbres, que votre nom soit encore béni : voilà ce qu'il répétoit sans cesse. Cependant le mal empiroit , la fluxion rongeoit les yeux & par surcroit de malheur , la cataracte se forma dans l'œil gauche , & en couvrit presque toute la prunelle. Alors le St. se sentit inspiré de faire un pélerinage à St. Joseph de Provence , où s'étoit nouvellement établie une grande dévotion en l'honneur de ce grand Patriarche de la nouvelle Loi, il fit vœu d'y aller aussi-tôt que sa santé pourroit le permettre. Chose admirable ! ce grand ami de Dieu lui obtint l'accomplissement de ses désirs avant l'accomplissement de sa promesse : dès ce moment le Vénérable Bruzeau se trouva radicalement guéri : plus de vestiges de la fluxion ni de la cataracte ; ses yeux se trouverent dans le même état ou ils étoient avant la maladie ; il alla aussi-tôt remplir son vœu , & depuis ce tems il ne cessa de témoigner sa dévotion envers le chaste Epoux de Marie.

Le Frere Janvier, & le Frere Martinien voulurent l'accompagner dans ce pélérinage, il le leur permit très volontiers : on ne sauroit exprimer ici la ferveur avec laquelle il s'acquitta de ce devoir de Religion : en actions de grace il célébra la Sainte Messe avec des transports de piété & d'amour de Dieu ; il resta très-long-tems dans la Chappelle de St. Joseph ; grand Saint, puisque vous m'avez obtenu la vue ; faites par votre puissante intercession que j'en fasse toujours un saint usage : plutôt la perdre encore, que d'offenser celui dont vous fûtes sur la terre le Pere nourricier.... Il partit ensuite avec ses Compagnons, laissant ce lieu tout embaumé des exemples de sa ferveur, & il prit la Route de Viviers où Monseigneur Louis de Suze étoit alors Evêque, Prélat d'une grande réputation, & un des plus respectables du Royaume, soit par sa capa-

cité, son zèle & sa piété , soit par
la grandeur de sa Famille.

Monsieur Simian , Grand - Vicaire & Official - Général de ce respec-
table Prélat demanda d'abord de les
voir : il les reçut chez lui avec toutes sortes d'honnêteté ? Il les fit manger à sa table : pendant le répas , en-
chanté de leur entretien , & de leur
air de Sainteté ; il leur proposa de
venir s'établir dans le Diocèse de
Viviers. Vous nous faites un honneur
que nous ne saurions mériter , dit notre St. à Monsieur le Grand Vicaire ,
une pareille entreprise demande beaucoup de réflexions , & j'y vois beaucoup d'obstacles. Mr. Simian , après
avoir réfléchi sur tous les obstacles ,
se chargea de les lever tous : de sorte
qu'il persuada notre Saint de venir
se fixer dans le Diocèse de Viviers.
Le vénérable Jean Bruzeau avoit sur
tout insisté sur les Lettres-Patentes
d'établissement , que Monseigneur l'E-
vêque ne voudroit peut-être pas donner ; il ne vouloit plus soumettre ses

Religieux à la quête, il vouloit qu'ils
vécuffent du travail de leurs mains,
& pour cela il falloit des biens fonds
qu'ils puffent cultiver; il exigeoit une
folitude fort éloignée des gens du
monde & ou l'on trouvat abondamment de l'eau. Je me charge, dit
Mr. Simian, de vous procurer tout
cela; j'en parlerai à fa Grandeur,
& je fuis fûr qu'elle ne me refufera
rien de ce que je lui demanderai à
cet égard : partez tranquillement pour
Pila, où vous avez bien des arran-
gemens à prendre, & foyez prêts
à partir quand je vous écrirai ; ce
qui fera bientôt.

Permetez-moi de vous dire, M.
répondit modeftement le Pére Jean,
qu'il vaut mieux que nous fufpendions
tout arrangement, jufqu'à ce que vous
aurez pris la peine de nous faire favoir les difpofitions & les volontés
de Mgr. à cet égard. A la bonne heure, dit M. le Grand-Vicaire ; mais
tenez-vous pour affurés, que je réuf-
firai dans cette entreprife. Nós bons

Freres partirent de Viviers comblés
d'honêteté, & remplis de la plus vive
reconnoiſſance : ils demanderent humblement la bénédiction de Mr. le
Grand Vicaire, & depuis ils ne ceſ-
ſerent de recommander à Dieu cette
entrepriſe.

Monſeigneur l'Evêque de Viviers
ayant écouté Mr. Simian ſur cette
affaire, lui ordonna avec ſa prudence ordinaire, d'écrire au Pere Jean,
& de lui marquer qu'il étoit à propos qu'il envoyat un Mémoire bien
détaillé de tous les Reglemens & uſa-
ges de ſa Communauté, & de toutes
les choſes qu'il ſouhaitoit pour ſon
établiſſement. Cet ordre fut ponctuellement exécuté : le Mémoire fut envoyé & examiné : tout fut trouvé digne de l'approbation de ce grand
Evêque ; tout l'embarras fut d'abord
de trouver les biens fonds néceſſaires
pour cet établiſſement. Mr. Simian qui
vouloit abſolument attirer le Bienheureux Bruzeau dans le Dioceſe de Viviers

se propoſoit de lui donner ſa Métairie
des Brugeas , appartenante aujour-
d'hui au Séminaire : voyant que par
cette ceſſion le Saint auroit tous les
fonds néceſſaires, il lui écrivit de
venir inceſſamment, & pour l'engager éfficacement à venir, il lui envoya les (a) Lettres-Patentes de Mgr.
l'Evêque , par leſquelles ce Prélat
approuvant ſon inſtitut, lui permettoit de le transférer dans ſon Dio-
cèſe ; mais parce que Mr. le Grand-
Vicaire ne s'impoſoit point encore d'en-
gagement pour la ceſſion de ſa Métairie, notre Saint jugea à propos de
reſter encore à Pila : de ſorte que
l'affaire fut ſuſpendue pendant quelque tems.

(b) Enfin, l'an mil ſix cent ſoixante
& quatorze, quoique la donation des
Brugeas ne fut pas encore faite, le

(a) *On trouvera ces Lettres à la fin de cette première partie.*
(b) *C'eſt à peu près dans ce tems que les Reli-
gieuſes de la Viſitation s'établirent à Bourg Saint-
Andéol.*

Vénérable Pere Jean Bruzeau, se transporta dans le Diocèse de Viviers, avec trois de ses Freres, savoir : le Frere Martinien, le Frere Claude, & le Frere Jean Chêneves, ayant laissé les autres à Pila pour qu'ils continuassent d'y vivre, selon la regle qu'il y avoit prescrite. Trois raisons le déterminerent à cette translation : la premiere furent les bontés de Mgr. l'Evêque de Viviers & de son Vicaire général : la seconde fut l'impuissance où il se trouvoit à Pila de faire subsister tous ses freres sans le secours de la quête : la troisieme, qui étoit la principale, fut la plus grande gloire de Dieu, qu'il espéroit de procurer dans ce nouvel établissement. A leur arrivée à Viviers, ils se présenterent devant le St. Prélat qui les reçut comme quatre Anges envoyés du Ciel : sa Grandeur eut attention à ce que rien ne leur manquât. De son côté, Mr. Simian leur envoya beaucoup de provisions à sa Métairie, où il les fit conduire.

Cette

Cette Métairie, nommée les Brugeas à caufe qu'elle produit beaucoup
de Bruyeres, eft dans un affreux
Défert, à peu près au milieu de
cette montagne qui s'étend au Sud
Oueft de Viviers, depuis cette Capitale jufqu'à St. Montan. Il n'y a
point d'autres Métairies aux environs : on ne peut y aboutir que
par des petits fentiers fort rabo-
teux ; il y a fort peu de terres
cultes, & elle eft entourée de rochers efcarpés & d'épaiffes foréts ;
il n'y a prefque point d'eau, & le
fol y eft fort ingrat ; les Loups &
les Renards, & les autres bêtes
fauvages s'y plaifent beaucoup.
Voilà le féjour que Monfieur Simian crut pouvoir être du goût
de nos Saints Solitaires. Une vertu moins éprouvée que la leur fe
feroit d'abord rebutée. Il eft vrai
que le Frere Cheneve prit peur,
parce qu'il lui reftoit encore un
amour trop naturel pour fes parens
E

& il affligea extrêmement le St. Fondateur par sa lâche désertion ; mais les deux autres, animés par les exemples de leur St. Pere, tinrent ferme, & rien ne fut capable de les séparer de lui : ils y construisirent une Chapelle : ils y resterent jusqu'à ce qu'il plût à Mr. Simian de les en déloger ; ce qui forma l'espace de vingt mois : les motifs qui firent agir ainsi ce grand Vicaire ne nous sont pas connus, & nos bons Freres n'eurent garde d'en parler.

Quoiqu'il en soit, le Vénérable Jean Bruzeau prit son parti en enfant soumis à tous les événemens de la divine Providence : jusques-là il avoit habité la terre, à peu de choses près, à la maniere des anciens Patriarches, & de plusieurs Solitaires d'Egipte ; tous les lieux lui étoient indifférens, exceptés ceux que la divine Providence sembloit lui destiner pour sa plus gran-

de fanctification. Cela n'empêcha pas
que ces bons Freres ne fe louaf-
fent beaucoup des bontés de Mr.
Simian : ils publierent par tout
qu'ils lui avoient mille obligations,
puifque, outre le logement qu'il
leur avoit donné, il leur avoit encore envoyé des meubles, du vin,
du Jardinage, & qu'il avoit été
long-tems dans la difpofition de les
rendre maitres de fa Métairie : ils
l'affurerent de leur éternelle re-
connoiffance, que nous tâcherons
lui dirent - ils, de vous témoigner
par l'offrande de nos prieres.

Dans ce Defert, nos Saints Solitaires avoient vécu à peu près de
la même maniere qu'ils vivoient
lorfqu'ils étoient à la Magdelaine
de Pila, où ils imittoient parfaitement les auftérités de cette célebre Pénitente. Le Pere Jean étant
d'une complexion délicate avoit eû
d'abord, au commencement de fa
vie érémitique, beaucoup de peine

à s'accoutumer aux herbages ; mais cependant faisons attention que les herbages avoient été la nourriture ordinaire des Anciens Solitaires, il se fit tant de violences, qu'enfin il en prit l'habitude. Quelque fois pour relever son estomach de la foiblesse où il étoit tombé, il prenoit son repas avec de l'ail, du pain, du fromage & un peu de vin ; on l'a vu souvent faire son souper d'une salade sans huile. Les jours de jeûne il prenoit à sa collation un peu d'herbes assaisonnées seulement avec du sel & du vinaigre. Comme ils n'avoient pas de lits pour tous, le bon Pere laissoit aux autres ceux qu'on avoit, & il couchoit sur des planches. En affoiblissant ainsi son corps, son ame acqueroit, à proportion, de nouvelles forces ; de sorte qu'il pouvoit dire avec St. Paul, lorsque je suis infirme, c'est alors que je suis puissant ; *cum infirmor, tunc*

potens sum, son esprit sembloit
être dégagé de la matiere, tant
il avoit de facilité a s'élever vers
le Ciel, & à se tenir dans l'union
avec Dieu.

Il faisoit une guerre ouverte à
la sensualité : rien ne le revoltoit
d'avantage que ce vice sous la ro-
be érémitique ; & il le poursuivoit
jusqu'à ce qu'il l'avoit exterminé.
Néanmoins il n'éxigeoit pas de ses
Disciples qu'ils imitassent toutes
ses austérités, il les laissoit libres
à cet égard, & souvent même il mo-
déroit leurs mortifications ; comme
les autres Saints, sévere à lui même,
il étoit indulgent pour les autres :
il avoit lû dans la vie de St. Antoine, leur Patriarche & leur Légis-
lateur, que la discrétion est la vertu
la plus nécessaire à un Solitaire, parce
que sans elle toutes les autres vertus
dégénérent en vice. Il avoit une
continuelle attention à ce que ses
Disciples ne péchassent point contre cette vertu.

Avant que de quitter Brugeas, le Vénérable Jean Bruzeau, avoit visité toutes les montagnes des environs, & avoit trouvé celle de Brieux favorable à ses desseins. Brieux est une petite montagne enclavée dans la Paroisse de St. Montan, vers le Sud-Est, entre la Rivière de cette Paroisse, & le chemin du Bourg de St. Montan, à la Ville de Bourg St. Andéol, à un quart de lieue de la grande Route du Vivarais, à une lieue de Viviers & de Bourg St. Andéol. Il y a abondamment de belles Eaux : elle étoit alors toute couverte de chênes verds, on y a depuis formé de belles Olivetés, des Prairies, avec un vaste Jardin dans la partie basse de la Montagne. Il y avoit une petite Métairie sur le penchant de la montagne, vers l'Orient, & cette montagne étoit dépendante de la Métairie, heureusement le Maître vouloit la ven-

dré, & le Pere Jean se trouvoit avoir
la somme néceffaire pour l'acheter. Mgr. l'Evêque de Viviers ayant
donné son consentement à cet achat,
notre St. en passa le Contract, &
transporta toute sa Communauté
dans ce lieu ; il avoit alors quatre
compagnons, parce que le Frere
Janvier & le Frere Paul Bertier
qu'il avoit laissé à Pila, étoient
venus le joindre.

Voilà donc le vénérable pere
Jean établi sur la Montagne de
Brieux, où il se fixe pour le reste
de ses jours, & où l'on voit aujour-
d'hui ce vaste Hermitage, appellé
l'Hermitage de St. Montan. Il commença alors à respirer à son aise,
& dans le transport de sa joye, il
s'écria, je vous remercie, Seigneur,
de m'avoir conduit dans cet heureux séjour : c'est ici le lieu de
mon repos : j'y habiterai jusques à
ce qu'il vous plaise de m'appeller
à vous : mes os y reposeront jusqu'au

dernier Jugement : vous voudrez bien y répandre vos Bénédictions. Il y passa effectivement tout le tems qu'il lui restoit à vivre, c'est-à-dire seize ans, le Seigneur combla sa Communauté de Bénédictions, & il mourut de la mort des Saints en mil six cent quatre vingt-onze, âgé de soixante - trois ans. Suivons-le pas à pas pendant ces seize années, & nous le trouverons toûjours plus admirable.

Ce fut au mois de Février de l'an 1675, que le Pere Jean acheta la Métairie de Brieux : il s'y transporta le jour de St. Joseph, 19 du mois suivant : cette Métairie relevoit de Mr. Dussau, de St. Montan, & c'étoit par conséquent à ce Seigneur que les lods de la vente étoient dûs : le Pere Jean ne les lui contesta point, & il les paya exactement. Peu de tems après un Seigneur des environs, prétendant que cette Métairie étoit de sa mouvan-

ce , intenta Procès au Pere Jean ,
& par furcroit de malheur , le
vendeur qui devoit lui fervir de
garantie ne voulut point le faire :
voilà une nouvelle croix pour notre
Saint, qui déteftoit toute conteſtation : il adora les Jugemens de Dieu
qui tempéroit ainſi la joie qu'il
reſſentoit dans ſon nouvel Établiſſement. Vous voulez , Seigneur ,
dit-il , dans ſa priere , que je vive
détaché de cette demeure , comme des autres : vous connoiſſez ma
foibleſſe , & votre bonté vous fait
craindre que je ne m'y attache trop :
ſoyez donc béni pour cette croix
que vous m'envoyez & faites - moi
la grace de la porter généreuſe-
ment.

Comme tous les gens éclairés
du Pays lui diſoient que c'étoit
une pure chicane qu'on lui faiſoit ,
& que dans tous les Tribunaux il
gagneroit ſon affaire ; il ſe fit aſſez
de violence pour ſe défendre en

Juſtice ; mais au paravant il tenta toutes les voies de la douceur , & n'oublia rien pour appaiſer l'eſprit de ce Seigneur, qui ne voulut rien entendre. L'affaire fut jugée à la Sénéchauſſée de Nîmes , en faveur de notre Saint. La partie adverſe appella de cette Sentence au parlement, qui la confirma. Ce Seigneur ne ſe rendit pas pour cela : il voulut aller au Conſeil du Roi. Notre St. qui depuis long-tems étoit laſſé de cette guerre, la finit à ſon préjudice, & aima mieux perdre que gagner , pour ſervir le Seigneur en paix. Le trouble que cauſoit cette affaire dans ſa Communauté l'affectoit extrêmement , & il ne crut pas pouvoir acheter trop cher le retour de la tranquillité.

Après qu'il eut goûté quelque tems les douceurs du calme , comme il ſe rendoit toujours plus agréable à Dieu, l'ennemi jaloux du ſalut des hommes , lui ſuſcita une nouvelle perſécution : il ſe ſervit d'une femme voiſine qui étoit fort jalouſe des poſſeſſions de nos Saints Solitaires. Le St. Fondateur avoit beſoin d'un petit coin de terre pour bâtir quelques Cellules : il n'eſt rien que cette femme n'employat pour empêcher que le propriétaire de ce petit fonds le lui vendit ; elle ne borna pas là ſa malice : elle ſaiſit toutes les occaſions qui ſe préſenterent pour les traverſer dans leurs entrepriſes, & les attaqua même dans leur honneur.

Ces bons freres ayant été ainſi éprouvés du côté des biens de fortune & de réputation, Dieu en éprouva un enſuite dans ſa propre perſonne. Le vénérable Frere Janvier tomba dangéreuſement malade, après avoir beaucoup ſouffert, il mourut le mois d'Août ſuivant. Cette mort affligea ſenſiblement le St. Fondateur, qui avoit établi ſur ce Religieux de grandes eſpérances

pour la perfection de son établissement à Brieux, parce que c'étoit
un grand serviteur de Dieu, qui
avoit une rare capacité.

A toutes ces croix extérieures
de notre St., Dieu en ajouta encore
de personnelles & d'intérieures.
Notre Saint jouissoit d'une mauvaise
santé, & il avoit toujours quelque
infirmité corporelle. Le Démon
excita souvent de grands troubles
dans son imagination, & il fut souvent privé de la paix intérieure.
Dans la vue de s'affermir & de
résister à tant de tentations, il com-
posa un petit traité sur la patience, & il enrichit ce petit ouvrage
des plus beaux passages de l'Ecriture Ste. sur cette matiere ; & pour
l'avoir toujours sous les yeux, il
l'appliqua sur la muraille de sa cellule. Cependant l'auteur de toute
consolation le favorisoit de tems en
tems de quelques douceurs, & il
ne permettoit jamais qu'il fut éprouvé au-delà de ses forces.

La

La fondation de l'Hermitage de St. Montan fut donc cimentée avec les croix & les perfécutions. C'eft une preuve, felon la maniere de penfer de tous les Saints, que c'étoit là l'œuvre de Dieu. C'eft ainfi que s'établit la Religion Chrétienne ; c'eft ainfi qu'ont commencé la plûpart des Ordres Religieux, & fur tout ceux d'une étroite obfervance, en un mot point, ou prefque point de pieufe entreprife qui n'aît fouffert de grandes contradictions : la raifon en eft facile à trouver : les pieufes entreprifes choquent tout à la fois, & la jaloufie des Démons, & les paffions des hommes ; il eft tout naturel que les uns & les autres fe foulevent contr-elles.

Dans la maladie du Frere Jofeph Janvier, le St. Fondateur fit éclater toute la tendreffe paternelle dont il étoit pénétré pour fes enfans : il prenoit lui-même la peine d'affaifonner fes bouillons, de les lui por-

F

ter; & il avoit coutume de dire
à ce sujet, qu'un mauvais bouillon
étoit capable de précipiter un malade dans le tombeau : il lui rendoit les plus bas services : il veilloit à ce que son lit fut bien fait,
il écartoit tout ce qui pouvoit le
fatiguer, il lui disoit de tems en
tems quelque mot de consolation :
dans la nuit il y avoit toujours un
Frere auprès du lit du malade, &
souvent c'étoit le Supérieur lui-
même qui le veilloit : il le recommandoit tous les jours aux prieres
de la Communauté : il lui adminis-
tra les Sacremens de bonne heure,
après l'avoir mis dans toutes les
dispositions, où doit être un bon
Religieux pour profiter abondamment de ces sources de sanctification. Enfin, il eut la consolation de
le voir mourir dans le baiser du
Seigneur.

Quelque tems après, c'est-à-dire
en 1689, Dieu envoya à notre St.

un autre Compagnon, qui fut appellé Frere Jean Pacalet, & c'est
le seul de ceux qu'il reçut à Brieux,
qui persévéra dans sa vocation. Tout
charitable qu'étoit ce vénérable Fondateur, il avoit comme St. Char-
le Borromée, un caractere austère,
& il éprouvoit rudement les novices.
il préféroit une petite Communauté
bien réguliere, à une plus grande
qui l'auroit été moins. Voilà pourquoi il n'avoit que quatre Disciples,
depuis que le Frere Paul de Givaudan avoit été fixé à l'Hermitage
de Tins, que le Frere Cheneve
s'étoit retiré, & que la mort avoit
enlevé le Frere Joseph Janvier. Ils
ne perdirent pas courage : ils s'ap-
pliquerent tous cinq, (car le Fondateur traivailloit comme les autres.)
à se bâtir des Cellules, & ensuite à défricher la terre. Bien-tôt
ils cesserent d'avoir besoin de faire
la quête ; le travail de leurs mains
fournit non-seulement à leur en-

tretien, mais encore à faire l'aumône : c'eſt alors que le Pére Jean
fut dans toute la joie de ſon ame,
il avoit toujours aſpiré à n'être à
charge à perſonne, & la compaſ-
ſion pour les indigens étoit née,
& avoit crû avec lui, ainſi que l'Eſprit St. le dit de Job. Il avoit auſſi
extrêmement à cœur d'avoir une
Chapelle, où il put célébrer la
Ste. Meſſe, afin que ſes Religieux
ne fuſſent plus expoſés à la diſſi-
pation en allant l'entendre à la Paroiſſe de St. Montan, & il accom-
plit heureuſement ce dernier deſir.

Cette Chapelle qui exiſte encore & qui ſert aujourd'hui de Ci-
métiere à la Communauté, étoit
dans l'intérieur de la maiſon, &
elle n'avoit point de porte en déhors, afin que les ſéculiers ne fuſſent pas libres d'y entrer : ils pouvoient néanmoins ſe placer à une
fenêtre grillée qu'il y avoit en déhors pour entendre la Ste. Meſſe

dans un cas de néceſſité. Je di
dans le cas de néceſſité, parce que
le Pere Jean prétendoit que les habitans de la Paroiſſe de St. Montan aſſiſtaſſent à leur Meſſe Pa-
roiſſiale, & aux inſtructions qu'on
y faiſoit, & il n'avoit garde de
vouloir leur fournir une occaſion
de s'en éloigner.

Nos pieux Freres s'aſſembloient
dans cette Chapelle, ſept fois par
jour, ſavoir : à quatre heures, à
neuf heures, & à onze heures du
matin ; & après midi, à une heure,
à cinq heures, à ſept heures, &
à huit heures ; à quatres heures du
matin ils faiſoient la priere vocale
& l'oraiſon juſqu'a cinq heures &
demi : enſuite ils alloient au travail juſqu'à neuf heures. A neuf
heures ils aſſiſtoient à la Ste. Meſſe
que le vénérable Pere célébroit
chaque jour avec une dévotion
angelique. Après la Meſſe on préparoit tout ce qu'il falloit pour

le dîner. A dix heures on dînoit,
& pendant le repas on faisoit la
lecture de quelque livre Saintement
instructif. Avant & après le repas
on disoit les prieres que l'Eglise a
établies pour sanctifier ces sortes
d'actions. Après ces prieres on se
rendoit à la Chapelle. Ensuite on
alloit au travail, lequel étoit toujours réglé par le Supérieur. A une
heure après midi on se rassembloit
à la Chapelle pour reciter les Litanies de la Vierge & plusieurs autres prieres : ensuite on faisoit une
lecture spirituelle de demi-heure,
chacun dans sa Cellule. Après cette
lecture on retournoit au travail. A
cinq heures on y disoit le Breviaire
laïque, après lequel on alloit dis-
poser toutes choses pour le souper
qu'on prenoit à six heures. A huit
heures on faisoit la priere du soir,
& on lisoit le sujet de l'oraison du
lendemain ; après cette lecture on
restoit encore un quart d'heure dans

la Chapelle pour faire l'examen de conscience.

Voici qu'elle étoit leur nourriture depuis qu'ils se trouverent un peu à leur aise : ils mangeoient des légumes, des herbages de Jardin, des œufs, du lard, du fromage, des fruits du pain bis : ils buvoient fort peu de vin : ils ne mangeoient de la viande de boucherie, que dans les maladies : ils avoient de la soupe à dîner & à souper. Hors le tems de ces deux repas ils ne prenoient jamais rien.

Pour lit, ils avoient une paillasse & la couverture nécessaire, sans drap. Pour se vêtir, ils choisissoient des étoffes faites avec de la laine noire, sans teinture : ils en portoient une tunique & un grand capuce qu'on portoit toujours, excepté pendant le travail. Ils en portoient un Manteau en Hiver. Ils n'usoient de linge que pour la table.

On jeûnoit tous les Vendredis de l'année, hors le tems Pascal. De-

puis la Touſſaint juſques à Noël,
on jeûnoit non-ſeulement le Ven-
dredi, mais encore le Mercredi &
le Samedi : on faiſoit de même depuis l'Epiphanie, juſqu'au Mercredi
des Cendres.

Au commencement de leur ſé-
jour à Brieux, ils ne ſe raſoient
point la barbe ; mais ayant vû par
expérience qu'elle étoit incompati-
ble avec certains travaux, ils établirent l'uſage de la raſer tous les
quinze jours.

On ſe tenoit conſtamment éloigné
du monde, & on gardoit la plus
rigide ſolitude. L'entrée de la maiſon étoit ſéverement interdite pour
les femmes. Le ſilence étoit regardé comme l'ame de la vie Erémitique, & il étoit preſque perpétuel ;
on ne le rompoit que depuis le
dîner juſqu'à une heure ; & depuis
le ſouper juſqu'à la priere du ſoir ;
ce qui faiſoit en tout trois heures
de tems.

On faisoit profession de renoncer à son jugement particulier, à sa propre volonté, & à toutes ses commodités, d'aimer les souffrances, les afflictions, les persécutions, & de pardonner facilement toutes sortes d'injures : on ne possédoit rien en propre, & on ne disposoit de rien que par la permission du Supérieur.

On observoit rigoureusement les Régles de la modestie & de la pudeur. On ne faisoit rien de son propre mouvement, mais tout par ordre ou par permission du Supérieur. Quand on avoit quelque affaire importante, on s'assembloit, & on prenoit conseil les uns des autres. Enfin toutes les Régles monastiques qui sont les plus recommandées dans les Ordres Réguliers, étoient ici exactement suivies.

Aussitôt que Dieu eut inspiré à Jean Bruzeau le dessein de rétablir la gloire du Désert, son premier soin fut de se bien instruire des usages

des premiers Solitaires : il ne se proposa point de pratiques nouvelles ,
dont il eut la gloire d'être l'au-
teurs ; il eut toujours les yeux sur
ces anciens Peres : il les regarda toujours comme ses guides & ses modéles. Il se forma comme St. Benoît,
sur cette ancienne Discipline qui ,
autre fois remplit l'Egypte de Saints ;
c'est dans cette source qu'il a puisé
tout ce qu'il a établi depuis, touchant
le mépris & l'éloignement du monde ; la solitude , le silence , l'amour
& la pratique des humiliations , des
austérités , & de cette pénitence continuelle dont les exemples anciens
nous paroîtroient incroyables, s'il
ne les avoit renouvellés de nos jours.
S'étant ainsi rempli de l'esprit pri-
mitif de l'état Erémitique , il en
pratiqua long-tems toutes les œuvres
avant que de les proposer aux autres. A ce soin, il joignit une Priere
fervente & continuelle : sans cesse
il prioit Dieu de l'éclairer ,

de le conduire , de le foutenir,
de bénir fa Maifon , & d'y établir
lui-même la maniere dont il vouloit y être fervi.

Après toutes ces fages précautions, le St. Fondateur auroit bien
pu compofer une Régle, & la laiffer par écrit à fes enfans ; mais confidérant l'exemple de Jefus-Chrift,
qui ne jugea pas à propos d'écrire
lui-même fon Evangile, il laiffa ce
foin à fon fucceffeur. Sa conduite
fut une régle vivante, lumineufe,
& efficace ; puifqu'il pouvoit dire
avec St. Paul , foyez mes imita-
teurs, comme je fuis celui de Jefus-
Chrift. Les ufages qu'il établit de
vive voix fe graverent profondément dans l'efprit & le cœur des
Difciples, par les exemples du Maître. Dans la fuite le Frere Claude
Ferret , fon fucceffeur, rédigea ces
ufages en regle, & les fit recevoir
à la Communauté pour lui fervir
de conftitutions. Ces Conftitutions

furent approuvées & confirmées par trois Evêques de Viviers , favoir : Mgr. de Villeneuve , Mgr. Demons & Mgr. de Savines , après que Mr. David , Supérieur du Séminaire de Viviers les eut mifes en meilleure forme. L'approbation de ces trois grands Prélats , en démontrent la fageffe & la fainteté ; les bornes que nous nous fommes prefcrites nous empêchent de les tranfcrire ici.

Nous devons admirer la juftelle & la folidité du Jugement du Pere Jean , dans les ufages qu'il établit dans fa Communauté ; fon but étoit d'être , non inftituteur , mais reftaurateur de la Difcipline Erémitique : il falloit donc fimplement rappeller les Solitaires de fon tems aux ufages des anciens. . . . . Il voyoit que les Hermitages étoient pour l'ordinaire compofés des gens de la troifieme condition : il falloit donc affortir fa maniere de vivre à ce genre

genre de condition. Un Supérieur
inamovible, une nourriture groffiere,
des vêtemens encore plus groffiers,
beaucoup plus de prieres vocales
que de prieres mentales, un travail corporel qui remplit tout le
tems qui ne feroit pas deftiné aux
exercices de piété; mais fouvent in-
terrompu par ceux-ci, de peur
qu'il n'étouffat l'efprit de piété;
une extrême fimplicité en toutes
chofes, une fubordination rigoureu-
fe, & fur-tout un grand éloignement des gens du fiecle : voilà ce
qu'il jugea convenir à cette claffe
d'hommes. Il dut coûter beaucoup
à une homme diftingué dans la feconde claffe, pour donner l'exemple de tout à fes Freres. C'eft ce
qui releve infiniment fon mérite.

Comme tous fes Freres fe por-
terent bien pendant plufieurs années,
il eut long-tems la confolation de
les voir tous fuivre ponctuellement
ces ufages. On les voyoit avancer

G

à grands pas dans les voies de la perfection ; aux environs on ne parloit que de leur ferveur, beaucoup de postulans se présentoient pour être reçus parmi eux, quelques-uns étoient admis ; mais comme les biens-fonds que possédoit alors cet hermitage étoient fort modiques, il fallut attendre pour les recevoir tous, qu'on eut fait de nouvelles acquisitions : on ne vouloit point reprendre la quête, on en connoissoit trop les abus & les dangers. Le St. Fondateur qui étoit sans ambition aima mieux se borner à un petit nombre de Disciples qui fussent bien réguliers & servissent de modele à tous les solitaires qui voudroient se reformer. Il ne cessoit de demander au Seigneur cette réforme, tant il avoit de zele pour l'honneur de son Etat ; pour obtenir du Ciel cette grace, il offroit tous les jours le grand office de l'Eglise pour lequel il avoit tant de respect, qu'il ne le récitoit qu'après s'y être préparé par une méditation de demi-heure ; il offroit aussi le St. Sacrifice de la Messe qu'il célébroit avec une dévotion admirable.

Mais enfin, le Seigneur jugea à propos de les visiter dans sa rigueur : il permit qu'ils fussent malades tous à la fois, excepté le Frere Supérieur. C'est alors que ce Vénérable pere eut besoin de toute la force de sa vertu, on lui vit faire des actes héroïques de charité, préparer les bouillons de ses Freres, faire leur lit, les rechauffer, les veiller pendant la nuit, faire les offices les plus bas & les plus dégoutans ; lui seul faisoit tout, en pratiquant, pour ainsi dire, toutes les vertus à la fois. Sa santé succomba enfin sous le poids de ses fatigues, & il fut alité comme les autres. Voilà ces amis de Dieu dans une situation désolante pour la nature : c'eſt ainſi que le Ciel traite quelque fois ſes favoris ; mais il ne les laiſſe pas long-tems ſans conſolation : c'eſt ce qu'éprouve-rent ces bons Freres. Un des ma-lades s'efforça de ſe trainer juſqu'à la Chapelle, & là il fit au Ciel une ſainte violence ; Seigneur, s'écria-t-il, dans l'amertume de ſon ame, ayez pitié de nous : conſidérez notre détreſſe & ſecourez - nous : faites que je recouvre aſſez de ſanté pour ſervir mes Freres, à l'inſtant il ſe trouva guéri, & en état de ſervir les autres.

Quoique le vénérable pere Jean voulût qu'on n'épargnât rien pour le ſervice des malades, néanmoins il étoit fort indifférent pour les drogues des Apoticaires. Il déſiroit qu'on uſât des remedes qu'offre le Déſert en ſe ſervant des ſimples, & que l'attachement à la ſanté n'obligeat pas d'aller dans les Villes chercher des Medecins ; auſſi les Me-

decins , pour le fatisfaire à cet
égard , ordonnoient à fes malades
les remedes communs qu'on pouvoit trouver dans la folitude , plus
aifément que par tout ailleurs. Ce
n'étoit pas par épargne qu'il agif-
foit ainfi , puifque les Apoticaires
de Bourg St. Andeol , & fur tout
Mr. Serran , offroient de lui fournir gratuitement toutes fortes de
drogues ; mais c'étoit par principe
de vertu , & il avoit coûtume de
dire, qu'il fied mal à un Moine
d'appeller à fon fecour, & Medecins
& drogues, auffi-tôt qu'il eft malade. Il faut être indifférent, difoit il, pour tous les biens temporels , & par conféquent pour la
fanté. La diete & l'eau guériffent
la plûpart des maladies : notre corps
eft une machine faite de la main
de Dieu, laquelle eft fi bien or-
donnée, qu'elle fe remet d'elle-même dans l'ordre, pourvû qu'on ne
la contrarie pas. Je ne puis fup-

porter un Religieux qui est dans une perpétuelle inquiétude sur sa santé : cette inquiétude est la marque d'un attachement déréglé à la vie. Voilà des principes qui guériroient aujourd'hui bien de personnes, s'ils étoient suivis. Notre Saint ne les tenait pas en spéculation ; il les mettoit en pratique, si bien qu'il ne prit jamais drogues, quoiqu'il fut souvent malade.

La maladie générale dont nous venons de parler produifit dans nos bons freres tous les effets de sanctification que Dieu s'étoit proposé en la leur envoyant : elle servit à les purifier des moindres tâches, & à perfectionner leur détachement de tout ce qui n'est pas Dieu. Ayant recouvré la santé, ils n'en remercierent pas Dieu autrement qu'ils l'avoient remercié de la maladie. Le Pere Jean qui avoit été pendant quelque tems privé du bonheur de monter à l'Autel, offrit

auffi-tôt qu'il le put le St. Sacrifice de la Meſſe en action de graces,
& demanda au Ciel un St. uſage
de la ſanté que Dieu leur rendoit.

Nous avons dit que dans les maladies corporelles de ſes Diſciples,
le Vénérable Supérieur étoit plein
de ſollicitudes pour les faire ceſ-
ſer au plû-tôt ; mais il témoignoit
un zele incomparablement plus grand
dans leurs maladies ſpirituelles, parce qu'il le proportionnoit à l'excellence de l'ame ſur le corps. Si
dans quelque Poſtulant, ou Novice il appercevoit quelque marque
d'orgueil, il l'accabloit de repri-
mandes, il l'humilioit dans toutes
les occaſions, il lui faiſoit une
guerre continuelle, juſqu'à ce qu'il
ſe fût corrigé. Quand on manquoit
pendant le répas à la modeſtie, à
la retenue, & à la propreté, la
correction ſuivoit de près la faute, &
le coupable étoit dans l'heureuſe
néceſſité de s'amander. Il ne don-

noit pas plus de repos à ceux qui
rompoient le filence, ou qui par-
loient indifcretement, & il les trai-
toit d'immortifiés & d'efclaves des
penchans du vieil homme. S'il étoit
févére à punir les petites fautes,
combien plus l'étoit-il à punir les
grandes : alors les éclairs & les fou-
dres partoient de fa tête, & le
coupable étoit atterré & confondu.
Cependant il favoit fi bien tem-
pérer une Difcipline fi exacte & fi
févére, par tout ce que la charité
a de plus infinuant & de plus doux,
que jamais Supérieur n'a été ni
plus généralement eftimé, ni plus
tendrement aimé de fes inférieurs.
  Par ce moyen il établiffoit le
règne de la vertu fur les ruines
du vice, & fa maifon fleuriffoit non-
feulement par l'accompliffement de
tous les préceptes ; mais encore
par celui des confeils Evangeliques,
& à ce fujet il avoit coutume de
tenir ce langage à fes Difciples :

mes Freres, pourquoi sommes-nous
venus dans le Défert ? Eft-ce pour
mener une vie commune ? Eft-ce
pour vivre fimplement comme vi-
vent, ce qu'on appelle gens de bien
dans le monde ? Il n'en valloit pas
la peine. La plûpart de ces préten-
dus gens de bien fervent lâche-
ment le Seigneur & n'évitent pas
la damnation éternelle. Je vous dé-
clare que, s'il avoit été queftion
d'y vivre ainfi, je n'y aurois jamais penfé; mais confidérant le
petit nombre des Elus, j'ai craint
de n'en être pas, fi je reftois dans
le monde. La voie de l'Enfer eft
large, fpacieufe & commode, &
celle du Paradis eft étroite & épi-
neufe. O qu'il y en a peu, dit
notre Seigneur, qui fuivent celle-
ci ! Je me fuis efforcé d'être de
ce petit nombre. Pour fuivre Jefus-Chrift, il faut non-feulement fe
détacher du monde, mais fe renoncer foi-même, & porter la Croix

chaque jour : il faut vaincre l'Enfer, le Monde & la Chair ; & comment accomplir tout cela dans le siecle & même dans le Désert, si on y mène une vie commune ? Dans une affaire aussi importante que celle de notre éternité, pouvons-nous prendre trop de précautions ? L'Auteur de toute verité ne nous a-t-il pas dit, que les petites infidélités à sa grace entrainent les grandes ?

D'autres fois il leur disoit : mes Freres, nous faisons profession de suivre les traces de ces anciens solitaires qui habitoient les Deserts de la Thébaïde. Que nous serions éloignés de nos modeles, si nous menions ici une vie commune ? Nous n'en serions que les masques, à l'heure de notre mort, le Démon auroit grand sujet de nous insulter : on croit dans le monde que nous imitons ces grands Saints. Il ne faut pas tromper le prochain

& nous devons être devant Dieu,
ce que nous paroiſſons aux yeux
des hommes. Le monde ſe joue
de ſes partiſans ; pour nous, jouons-
nous du monde, en regardant ſes
promeſſes & ſes récompenſes comme des momeries. Nous ſervons un
Maître bien différent du monde :
il eſt infiniment libéral, & il ré-
compenſe dès cette vie du centuple de ce que nous faiſons pour
lui.

Ces diſcours du Pere Jean, ſou-
tenus de ſes exemples, faiſoient les
plus vives impreſſions, & il n'étoit
pas poſſible d'y réſiſter. On le voyoit
toujours le premier rendu à la tête
de tous les Exercices : ſon humilité, ſa mortification, ſa douceur
& ſa charité brilloient ſans ceſſe
aux yeux de ſa Communauté. Quand
il prioit Dieu, & ſur tout quand
il diſoit l'office divin, il ſembloit
de voir un Moïſe s'entretenir avec
Dieu : quand il célébroit la Ste.

Meſſe on croyoit voir un Séraphin à l'Autel. Les gens du voiſinage avoient tant de confiance à ſes prieres, qu'ils venoient ſouvent s'y recommander : ils publioient même que par ſa médiation, ils obtenoient des choſes qui tenoient du prodige.

Il ſemble que ce Vénérable Prêtre auroit dû ſe diſpenſer du travail de la terre ; néanmoins cette occupation digne des premiers Patriarches lui plaiſoit extrêmement. Je veux, diſoit-il, ſubir la condamnation de mon premier pere, en mangeant mon pain à la ſueur de mon front, & je dois en ceci, comme en tout le reſte, donner l'exemple à mes enfans. Ses infirmités, encore moins ſa qualité de Supérieur, ne l'engageoit point à prendre des privilèges dans le vêtir, le boire & le manger : au contraire, il choiſiſſoit pour lui tout ce qu'il y avoit de plus ſimple & de plus groſſier : en un mot, ſa conduite le rendoit Supérieur à ſes Diſciples

ciples , dans l'Eglife , au Refectoir ,
dans les champs & par-tout , & il
regardoit fa charge de Supérieur , du
même œil que fut regardé le Sou-
verain pontificat par le Pape qui prit
le premier le titre de Serviteur des
Serviteurs de Dieu.

Ses jeûnes étoient fi fréquents & fi
auftéres , qu'on ne pouvoit comprendre comment il pouvoit vivre , en
mangeant fi peu & fe nourriffant fi
mal. Il choififfoit toujours les travaux les plus humilians & les plus
capables de rebuter. Il avoit une attention continuelle à foulager fes freres : fouvent , quand il les voyoit trop
fatigués , ou que leur foibleffe ne
leur permettoit pas de travailler
comme les autres , il leur prefcrivoit
un travail moins pénible , ou les en
exemptoit entierement. Quant à lui ,
comme il n'étoit fujet à perfonne ,
il s'abandonnoit à fon zéle , & reve-
noit du travail quelque fois fi fatigué ,
qu'il ne pouvoit fe foutenir. Pendant

H

le travail il méditoit continuellement ; toutes les avantures étoient pour lui autant d'échelons pour s'élever à Dieu, & on peut dire qu'il voyoit Dieu en toutes chofes : fon union avec Jefus-Chrift étoit continuelle ; mais dans l'Oraifon elle devenoit fi forte, que quand des affaires preffantes demandoit qu'il l'interrompit, il étoit obligé de faire de grands efforts pour pouvoir en défoccuper fon efprit.

Il tenoit régulierement l'Affemblée, qu'on appelle Chapitre, & il ne manquoit jamais d'y faire à fes Difciples une exhortation vive & touchante : fes freres ne vouloient point d'autres confeffeur, ni d'autre Directeur que lui, & il réuffiffoit merveilleufement à les foutenir, à les faire avancer dans les voies de Dieu, & à les confoler dans leurs peines intérieures ; fes pénitens fortoient du tribunal de la reconciliation, toujours tous renouvellés en

ferveur , & ils y prenoient toujours
de nouvelles forces pour réfister aux
penchans de la nature qui tend toujours à fe relâcher. Il ne donnoit
rien à la fympathie & à l'inclina-
tion naturelle : il étoit également ennemi de la prévention & de l'ac-
ceptation des perfonnes : il aimoit
également tous fes freres : il les écoutoit tous, les plus ignorans, les plus
groffiers & les plus imparfaits avec
plus d'attention que les autres. Leurs
tentations, leurs peines, leurs dé-
goûts, leurs imperfections ne re-
butoient jamais fon miniftère.

La difcipline publique étoit la même pour tous ; mais fa conduite fe-
crette étoit différente , felon le génie
& le caractère de ceux avec qui il
avoit affaire : il avoit une maxime
à laquelle plufieurs Directeurs ne font
pas affez d'attention, c'eft qu'il faut
étudier & fuivre l'attrait que donne
la grace aux pénitens, & les conduire felon les impreffions que l'ef-

prit Saint fait fur leurs cœurs. Il eſt
vrai qu'il faut beaucoup de lumieres
pour ne pas s'y tromper ; mais quand
on n'a aucun lieu d'en douter, on né
peut être trop attentif à ſeconder
ces attraits & ces impreſſions. De là
vient qu'il permettoit à l'un des auſ-
térités qu'il défendoit à l'autre, &
qui ſouvent il approuvoit dans celui-
ci, une dévotion qu'il n'approuvoit
pas dans celui-là.

Dieu l'avoit auſſi doué du diſcer-
nement des eſprits, & il étoit impoſ-
ſible à un Novice qui n'étoit pas
appellé de Dieu, de lui en impo-
ſer. Il en avoit reçû un à qui le
Démon inſpira une forte penſée d'aller voir ſes parens, avant que de faire
profeſſion ; cet ennemi de tout bien
ayant trouvé entrée dans ſon ame,
la remplit d'orgueil : de ſorte que
le St. Pere travailla inutilement à le
détourner de ce voyage ; les prieres
ferventes qu'il fit pour lui obtenir
la grace de réſiſter à cette tenta-

tion, les raisonnemens solides qu'il employa pour le dissuader, la menace de lui oter l'habit érémite, & de ne plus le recevoir à l'avenir ; quand il voudroit revenir, tout fut inefficace : le St. comprenant qu'il n'avoit pas une vocation divine, le laissa partir. Peu de tems après il revint se présenter, & le St. refusa constamment de le recevoir, & la suite de la vie de ce Disciple prouva malheureusement la justesse du discernement du Maître.

Quelque tems après, c'est-à-dire au commencement de l'année 1691, le Frere Martinien fut attaqué d'hidropisie, & ensuite de ptisie : il fallut le mettre dans un appartement où l'on put faire continuellement du feu, parce que ne pouvant se coucher il restoit toujours assis sur une chaise. On s'apperçut un jour que le bois de chaufage alloit manquer. Le Vénérable Pere ordonna au Frere Clau-

de Ferret d'en aller chercher ;
comment pourrai-je le faire, répondit celui ci, étant si foible &
n'ayant perſonne pour m'aider ? Il
parloit ainſi, parce que le Frere
Paul Berlier étoit auſſi malade.
Je vous aiderai moi-même, repliqua le Saint. En effet, il partit avec
le Frere Claude Ferret pour aller
couper du bois, quoiqu'alors ſes
infirmités multipliées lui fiſſent ſouffrir de grandes douleurs. Ce travail augmenta tellement ſes maux,
que ſe ſentant épuiſé, il dit à ſes
Freres, je crains que dans peu de
tems je ne vous ſois inutile. Il fût
effectivement la victime de ſa charité.

Depuis ce jour ſes infirmités ſe mul-
tiplierent tellement, que tout ſon
corps en fut accablé, depuis les
pieds juſqu'à la tête où il ſouffrit
les plus vives douleurs. Sentant ſa
fin approcher, il déſigna pour ſon
ſucceſſeur le Frere Claude Ferret,

& lui recommanda particulierement
d'affermir l'ouvrage de leur établif-
fement à Brieux. Il avoit déjà fait
fon teftament dans une autre mala-
ladie qu'il avoit eû, & il avoit conf-
titué le même Frere héritier univer-
fel des biens de l'Hermitage : il confirma cette difpofition.

Sa maladie dura jufqu'au dix du
mois d'Août fuivant, c'eft-à-dire environ trois mois, pendant lefquels
il fut dans l'union la plus étroite avec
Jefus attaché à la Croix : l'or de fa
charité s'y épura parfaitement, &
fa bienheureufe ame mérita par ce
long martyre d'entrer dans la joie
célefte au fortir de fon corps. Pen-
dans cette longue maladie il ne dor-
mit prefque point : cependant il difoit chaque jour fon Breviaire. Comme fon corps étoit extrêmement pé-
fant & affaiffé, il fe tenoit toujours
panché vers la terre. Pourquoi, mon
pere, vous tenez-vous ainfi, lui dit-
on, je panche vers la terre, mais je

me redrefferai bien , dans quelque
tems. Quoiqu'il fouffrit beaucoup,
on ne l'entendit jamais fe plaindre.
Il n'ouvroit la bouche que pour bénir le Seigneur, ou exhorter fes Freres à remplir conftamment les devoirs de la vie Solitaire.

Dieu qui trouvoit fa gloire dans
les fouffrances de notre bienheureux,
permit, pour faire éclater encore
d'avantage fa vertu , que la gangrene
s'attachat à fon corps , & comme on
étoit alors dans la faifon la plus chau-
de , cette cruelle maladie y fit de
grand ravages. Alors il fentit un grand
défir de mourir ; mais ce défir lui
parut une imperfection , & il le
regarda toujours depuis comme une
tentation. Dans St. Paul, difoit-il,
le défir de la mort étoit l'effet de
l'amour le plus pur , & dans moi
ce feroit l'effet de l'impatience , la
nature défirant de ne plus fouffrir.
O mon Dieu ! ajoutoit-il, que votre
volonté foit faite, & qu'elle foit faite

jusqu'à la fin. Coupez, brûlez, con-
fumez, dévorez ce corps par les
vers, détruisez-le à petit feu,
pourvû qu'il satisfasse à votre Justice, je suis content.

Notre Saint ne disant plus la
Messe depuis bien de tems, il faisoit prier les Prêtres voisins qui
étoient tous ses amis de venir la
dire dans sa Chapelle, afin d'avoir
la consolation de l'entendre & d'y
recevoir la divine Eucharistie. Ce
pain Sacré le fortifioit merveilleusement, & il étoit presque toute
sa nourriture & tout son remede.
Il est vrai que les Medecins & les
Chirurgiens de Bourg St. Andeol
qui avoient pour lui une considération spéciale, s'empresserent de
venir à son secours; mais il n'avoit
témoigné aucun soucis à cet égard,
& il étoit parfaitement indifférent
pour la santé & la maladie, la
vie & la mort. Quand ses Freres
lui témoignoient la part qu'ils pre-

noient à ſes ſouffrances, félicitez-
moi plutôt, leur diſoit il, de ce
que Jeſus-Chriſt me fait part de
ſon Calice, & de ce qu'il me trouve digne de ſouffrir pour lui. Enſuite portant ſon eſprit ſur l'avenir,
il leur tenoit ce langage : mes enfans, vous ſouffrirez encore bien
des perſécutions, avant que d'être
affermis dans cet Hermitage ; mais
conſolez - vous, Jeſus-Chriſt vous
rendra victorieux, & la bonne œuvre ſera enfin conſommée pour la
ſanctification de beaucoup de perſonnes. Cette prédiction s'eſt véri-
fiée à la lettre, comme tout le
monde voit. La Communauté des
Solitaires de St. Montan eſt com-
poſée aujourd'hui de plus de vingt
perſonnes : Elle a des fonds ſuffi-
ſans pour leur entretien, & la Régle du Pere Jean y eſt parfaitement obſervée. Il n'y a pas d'année où il ne s'y préſente au moins
dix poſtulans. Ce contraſte avec

les autres Ordres Religieux fait
un éloge complet.

Dieu faisant pressentir au Père
Jean qu'il touchoit à sa fin, il demanda les derniers Sacremens, &
les reçut avec la plus grande édifi-
cation le 10 Août 1791. Il exhorta
ses enfans à avoir une Dévotion
particuliere à la très-Sainte Vierge,
à Saint Joseph & à St. Antoine,
Patriarche des Solitaires, & il leur
déclara que c'étoit sous ces trois
puissantes protections qu'il avoit
mis sa Communauté. On lui pré-
senta son Crucifix : il en baisa les
pieds & les mains avec une vivacité qui marquoit bien son amour
& sa confiance en Jesus-Christ ; peu
de tems après on s'apperçut qu'il
prioit avec plus d'ardeur que jamais ; c'est pendant cette prière qu'il
rendit à Dieu son ame bienheu-
reuse, laissant ses enfans dans la
plus profonde tristesse. Il fut in-
humé au milieu de sa Chapelle,

où il avoit fait faire un Caveau à ce deſſein. Ses funérailles furent faites par Mr. Page, Curé de Saint-Montan, aſſiſté de Mr. André, Prieur de St. André-de-Mitroy, & de Mr. Devés, Prêtre, leſquels dirent tout haut après la Cérémonie, c'eſt un Saint que nous venons de perdre ; Dieu veuille nous l'accorder pour Patron dans le Ciel.

Ses enfans conſerverent comme précieuſes Reliques, pluſieurs des choſes qui avoient été à ſon uſage, & beaucoup de perſonnes du monde demanderent d'y avoir part. Le Ciel qui l'avoit glorifié pendant ſa vie par pluſieurs Miracles, le glorifia encore de même après ſa mort, & ſon Tombeau fut viſité par un grand concourt de perſonnes qui en reſſentirent des effets merveilleux. On ſera ſans doute bien aiſe de lire ici les principales merveilles qu'on lui attribue : nous les rapporterons d'après les Mémoires du Frere Claude Ferret,

ret, lequel avoit vêcû environ vingt
ans avec le St. Fondateur.

Un jeune homme de St. Montan, qui avoit fiancé la fille de
Mr. Laurent, du même lieu, fut
attaqué d'une violente fievre inter-
mittente avant la Bénédiction de
fon Mariage; ce qui en fufpendit
long-tems l'exécution, tous les remedes qu'il put faire ayant été inutiles, il penfa que fi notre St.
prioit Dieu pour fa guérifon, il
l'obtiendroit infailliblement. Il vint
donc avec confiance fe recommander à fes prieres, & le fupplier
d'offrir le St. Sacrifice de la Meffe
pour le rétabliffement de fa fanté:
auffi-tôt que le St. Prêtre eut dit
la Meffe pour lui, celui-ci fe trouva
parfaitement guéri de fa fievre. La
tradition du pays conferve encore
la mémoire de ce prodige.

M. Mendras du même lieu, avoit
été attaqué d'un mal au genou, qui
lui caufoit de violentes douleurs &

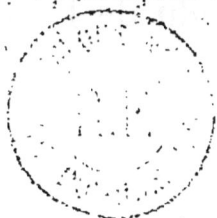

I

qui rendoit sa jambe si roide, qu'il
ne pouvoit marcher; il se fit porter auprès de notre St., & le pria
de dire la Ste. Messe pour lui. Le
Vénérable Pere Jean monta aussi-
tôt à l'Autel & à peine fut-il au
milieu du Sacrifice, que Mr. Mendras se sentit soulagé: il commença
à plier la jambe : la Messe étant
finie. Et ayant remercié son bien-
faiteur, il partit à pied pour s'en
retourner à St. Montan; il marcha
désormais sans douleur & sans secours.

Une fille des environs prit un
mal au cerveau, qui lui causa un
accès de folie : pendant cet accès
elle courut les bois & s'y cacha
si bien, que ses parens la chercherent envain pendant plusieurs jours:
dans ce cruel embarras ils vinrent
trouver notre Saint pour le sup-
plier d'offrir la Ste. Messe à leur
intention : le St. Prêtre l'offrit, &
étant descendu de l'Autel, allez en

paix , leur dit-il , votre fille est actuellement dans votre maison. Ils l'y
trouverent en effet.

Mr. Roche , Prêtre , étoit tourmenté depuis quelque tems d'une
violente fievre : notre St. demanda sa guérison au St. Autel , & le
malade se trouva aussi-tôt radicalement guéri : il n'eut pas le moindre ressentiment de sa fievre. Voilà
ce que le miraculé a attesté plusieurs
fois : il regardoit le pere Jean comme un St. à Miracles , & il se faisoit un plaisir de publier par-tout
le crédit qu'il avoit auprès de
Dieu.

La fille de M. Fourneri de St. Montan , s'étant rompue le pied , souffroit les plus cruelles douleurs : ses
parens ne crurent pas avoir besoin
de recourir aux Chirurgiens , étant
si proches de l'ami de Dieu auquel
on ne recourroit jamais envain ; ils
vinrent le prier de dire une Messe
pour la malade : le St. toujours plein

I 2

de confiance en la victime sans tâche,
l'offrit au Pere Céleste avec sa piété
ordinaire, & aussi-tôt que l'offrande
fut faite, le pied de la malade se
trouva dans sa situation naturelle.

Mademoiselle Bourdon de St. Montan étant accablée de peines & d'afflictions, fit vœu de visiter le tombeau du Bienheureux Jean, & à peine eut-elle accompli son vœu, qu'elle
recouvra la paix de l'ame, & res-
sentit les plus doux effets de la Divine providence.

Nous passons sous silence un grand
nombre de personnes notables de Viviers, & de Bourg St. Andeol, qui
pour s'être recommandées à ses prieres recouvrerent la santé. Nous pas-
serions les bornes que nous nous sommes prescrites, si nous entrions dans
un plus grand détail là-dessus. Ce
que nous avons dit jusqu'ici suffit
pour prouver que la conduite de
Dieu à l'égard du Vénérable Pere
Jean, a été la même que celle qu'il

a toujours tenue à l'égard de ses
Sts. & de ses plus grands amis. Il lui
a inspiré un grand détachement du
monde : il lui a donné un goût sur-
naturel pour la retraite : il l'a éprouvé par les humiliations, par les maladies, par les persécutions : il l'a visité aussi de tems en tems par des
douceurs célestes : il l'a protégé contre ses ennemis qu'il a souvent frappé
de mort. Enfin, il l'a glorifié par plusieurs miracles avant & après sa mort.
Puisse notre ame mourir de la mort
de ce juste, & notre fin être semblable à la sienne.

Le Frere Claude Ferret, succéda
au B. Pere Jean, en la charge de
Supérieur des Hermites de St. Montan : il entra parfaitement dans toutes
les vues de son Prédécesseur : il en
affermit & augmenta l'ouvrage : il
fit plusieurs acquisitions : il eut jusqu'à huit Religieux, & mourut dans
une honnorable vieillesse.

Au Frere Claude Ferret, succéda le Frere Antoine, d'heureuse & sainte mémoire, qui fit auffi des augmentations confidérables, foit dans les Bâtimens, foit dans les biens fonds de l'Hermitage, & il eut jufqu'à douze Religieux.

Le Succeffeur de celui-ci fut le Frere Jean-Baptifte, Supérieur actuel de l'Hermitage, iffu d'une famille diftinguée, lequel vint fe fixer dans cette folitude à feize ans : il y a porté de grands biens : il a aggrandi de la moitié la Maifon, les biens fonds & le nombre des Religieux : de forte qu'il peut paffer pour le fecond Fondateur de l'Hermitage.

Les Freres actuels de l'Hermitage favent tous lire & écrire, & plufieurs d'entr'eux font de très-bonne famille : ils parlent toujours français : ils font honnêtes & polis : ils favent tous les Arts Méchaniques, néceffaires à des Hermites pour être difpenfés de récourir aux féculiers. Les Arts libéraux n'y font pas inconnus : il y a ac-

tuellement un Sculpteur-Doreur, &
il n'y a pas longtems qu'il y avoit
un Chirurgien. L'hospitalité y est
très-bien exercée. Plusieurs personnes de considération y vont faire
des retraites spirituelles. Les paysans des environs en retirent mille
secours dans leurs différens besoins.
La Communauté du Bourg St. Montan les a toujours dispensés de payer
la Capitation, parce que, dit-elle,
ces pieux solitaires nous attirent la
Bénédiction du Ciel.

Ils font trois Vœux simples entre les mains de leur Supérieur, à
qui ils promettent stabilité dans la
maison: ces vœux simples font les
vœux d'obéissance, de pauvreté &
de chasteté, & ils y font tous bien
fidèles, ils ont un Pere spirituel,
qui, ordinairement est un des grands
Vicaires de Monseigneur l'Evêque
de Viviers. Leur pere spirituel est
actuellement Mr. Charpit, Supérieur du Séminaire de Viviers. Il

ont aussi un Aumônier, qui est en
même-tems leur Directeur. Leur
Chappelle & leur Sacristie sont grandes & bien fournies d'Ornemens.
Il y a un beau Calice & un beau
Ciboire, bel Ostensoir, & on y
donne la Bénédiction du Très-Saint
Sacrement aussi souvent que dans
les Eglises paroissiales.

LETTRES-PATENTES

De Monseigneur Louis de Suze,
Evêque de Viviers, portant permission au V.
Pere Jean Bruzeau, d'établir sa Communauté
Dans son Diocèse, & approuvant son Institut.

LOUIS DE SUZE, Evêque & Comte de Viviers, Prince de Donzere & Château-neuf
du Rhône, Baron de Largentiere, Seigneur spirituel & temporel de la Ville de Bourg Saint-
Andéol, & autres Places, Abbé Commandataire
de Mazan, Conseiller du Roi en ses Conseils, à
notre Bien-aimé Frere Jean de Tours, Solitaire,
Prêtre & Supérieur au Mont-Pila, Diocèse de
Vienne, salut en notre Seigneur J. C. Sur ce qui
nous a été représenté de votre part par Sr. Simian,
notre Vicaire & Official-Général que vous sou-
haitez depuis long-tems de vous établir dans notre
Diocèse, en quelque lieu propre & convenable

pour y continuer & perfectionner sous notre autorité Episcopale l'Institut Monachal que vous
avez commencé au Mont-Pila, & sur les bons
rapports qu'il nous a fait ensuite de la bonne vie
que vous professez avec vos Freres, & que tout
vôtre esprit ne respire qu'obéissance très-exacte,
que discipline très-rigide, que séparation du
monde & de ses mauvaises maximes, que renoncement, mortification, & principalement à ce
qui est de l'intérieur, qu'Oraison continuel &
travail manuel si assidu que vous prétendez vivre
sans être assujetti à la Quête, ni à charge au
public, renouvellant par ce moyen le premier
genre de vie & le véritable esprit des anciens
Peres d'Egipte, qui ont fleuri avec tant de sainteté, qu'ils ont rempli les siècles suivans d'admi-
ration, aussi bien que de desir d'avoir de leur vraie
institution. Ces choses bien considérées, Nous
avons approuvé & approuvons votre entreprise,
& desirant de contribuer de tout notre pouvoir
à un si saint ouvrage, nous vous accordons &
donnons permission par ce présent écrit de notre
main, de venir faire votre demeure dans notre
Diocèse, & aussi de vous y établir en tel lieu que
vous jugerez le plus propre & le plus convenable
à votre dessein, & que vous pourrez accepter,
ou acquérir aux pouvoirs d'y continuer & perfectionner moyennant la Bénédiction de Dieu votre
façon de vie, avec les Freres qu'il vous aura don-
nés, sur lesquels nous vous déclarons & consti-
tuons Pasteur & Supérieur propre, ordinaire &
de droit, soumis néanmoins en tout, & immédiatement subordonné à Nous & à nos Successeurs
Evêque de Viviers, voulant & entendant que
toute votre Société vous obéisse & reconnoisse
dès à présent en cette qualité, & que vous la
gouvernerez séparément de tout autre troupeau,

fous notre feule dépendance & autorité Épifco-
pale, & que vous jouiffiez de tous les droits, facultés, exemptions, Priviléges & graces dont les
plus auftéres Congrégations Monachales dépin-
dantes des Seigneurs Évêques ont joui & peuvent
jouir légitimement, afin que la vôtre puiffe être
formée, augmentée & confervée en toute maniere, felon les deffeins de Dieu par votre minif-
tere, vous permettant en donnant tout pouvoir
d'y recevoir des Poftulans, & de les revêtir de
votre habit après beaucoup d'examen, d'éprouver leur aptitude & leur vocation, de mortifier,
de corriger & punir vos Freres & fujets, felon le
befoin & démerite; comme auffi de rejetter de-
hors les indignes & vicieux, fi les ayant médica-
mentés & foufftert patiemment fuivant la Régle
de St. Benoit, ils fe rendent incorrigibles, &
encore de donner congé à vos inférieurs pour
faire voyage, ou changer de demeure, autant &
felon qu'il vous paroitra expédient pour la gloire
de Dieu, & particulierement d'adminiftrer les
Sacrements à tous vos Freres & Affociés, & à
tous Poftulans ou Prétendans à votre Société,
admis en icelle, tandis que les uns & les autres
y demeureront, même pendant un mois après
que vous leur aurez donné congé, ou de les leur
faire adminiftrer, ou à vous-même par tel Paf-
feur, ou autre Prêtre que vous jugerez à propos, pourvû que led. Prêtre foit approuvé dans
notre Diocéfe pour le Sacrement de Pénitence;
vous donnant auffi expreffément pouvoir de commettre & fubftituer en votre lieu & place qui
vous femblera de vos Freres pourfuivre votre
pouvoir & faire votre Charge & Office de Supérieur, fuivant vos ordres, lorfque vous ferez
abfent, ou empêché : déclarant de plus tous
vos vœux particuliers faits par lefd. Prétendans

ou par vos d. Freres ou Associés ; & dont nous
pouvons dispenser, suspendus & sans aucune
obligation d'être exécutés pendant qu'ils demeureront dans votre Société. Pour éviter toute singularité, tentation & inquiétude, défendons
étroitement à tous Religieux & autres, de se revêtir d'un habit semblable au vôtre, & s'il s'en
trouvoit d'assez hardis, pour le faire, nous en-
joignons à tous nos Ecclésiastiques de les arrêter
& de nous en avertir, pour que nous les fassions
dépouiller avec confusion & infamie. Et à ce qu'il
n'y ait rien qui puisse troubler la paix de votre
Retraite, nous défendons à tous Prêtres, Curés
& Vicaires de notre Diocèse, & à tous autres,
de mener chez-vous aucune Procession, & d'y
donner lieu à aucun concours, ou autre sujet de
distraction ou d'embarras, sous quelque prétexte
de piété que ce soit. Vous exhortant de bien con-
conduire & conserver votre Société dans l'union
& dans la pureté de son esprit Monachal, là sa-
chant pour cet effet, tout autant qu'il se pourra
séparer de toute conversation avec les externes,
quoique de profession sainte ou Religieuse, &
de faire en sorte qu'elle puisse long-tems subsister
dans cet état de perfection, & exciter par ses
bons exemples à la pratique des véritables vertus
& à une bonne & salutaire pénitence les ames
qui sont & seront commises à nous & à nos successeurs. Et voulons pour ce sujet que vous nous
rendiez compte de tems en tems de l'état d'icelle,
& du nombre & de la qualité de ceux que vous
aurez reçus, afin que s'il arrivoit quelque dé-
sordre, ce que Dieu ne veuille, nous le fassions
cesser au plutôt avec toute l'étendue de notre
autorité Episcopale, s'il en étoit nécessaire ; &
afin que personne ne vous trouble dans la profession de votre Institut, nous vous mettons dès à

présent sous notre protection & sous celle de nos Successeurs Evêques. En foi de quoi nous avons signé le présent écrit, fait apposer le Sceau de notre Chambre Episcopale, & contre-signés par notre Secrétaire. A Bourg St. Andeol, le premier jour du mois de Juin, mil six cent soixante & quatorze.

LOUIS DE SUZE, Evêque de Viviers.

Par Monseigneur.

VINCENT, *Secrétaire.*

SECONDE

SECONDE PARTIE.

Les Vertus du Vénérable Pere JEAN.

L'Eglise ne reconnoit pour Saint que celui qui a eû toutes les vertus Chrétiennes dans le degré d'héroïcité; aussi, nous qui tenons pour saint le Vénérable Jean Bruzeau, nous prétendons qu'il les a eues toutes dans ce haut degré de perfection. Quoique l'histoire de sa vie suffise pour convaincre de cette vérité, néanmoins nous croyons qu'il est très-important de montrer ici chacune de ses vertus sous son jour particulier que la rapidité de l'histoire nous a interdit. Cette partie de la vie de notre St. paroit même plus efficacement instructive que la premiere : chacun se sent porté à imiter une belle action, à mesure du tems qu'on lui donne pour y réfléchir.

Voilà ce que nous nous propo-

K

fons dans cette feconde partie. Nous y verrons la Foi, l'Efpérance & la Charité d'un Abraham, la prudence & la difcrétion d'un Antoine, la juftice & l'équité d'un Tobie, la force & la patience d'un Job, la tempérance & la mortification d'un Palemon, l'humilité & la pénitence d'un David, la pauvreté & le détachement d'un St. François d'Affife, la chafteté d'un Jofeph, le zele d'un Élie, la piété d'un Ezéchias & la fidélité d'un Samuel : nous aurons donc abondamment de quoi admirer, & de quoi imiter. Puiffent fes enfans faire toujours vivre fous nos yeux ce Vénérable Patriarche, & nous retracer fans ceffe les beaux exemples de fes vertus.

CHAPITRE I.

De fa foi, de fon efpérance & de fa charité.

CES trois vertus Théologales font comme les trois pierres

fondamentales fur lefquelles porte
tout l'édifice fpirituel de la perfection chrétienne & Religieufe ; ou fi
l'on veut, ce font trois grandes racines qui fourniffent l'aliment néceffaire à cet arbre myftique qui, felon
l'Evangile porte les fruits de la vie
éternelle, & fur les branches duquel
les oifeaux du Ciel viennent fe repo-
fer. Le V. Pere Jean Bruzeau n'a
donc pû fonder fa juftice & fa fainteté que fur ces trois vertus ; & c'eft
auffi par elles qu'il a commencé la
perfection de fon état.

Il avoit vingt-cinq ans, & il poffédoit de grands biens, lorfqu'il forma
la réfolution d'abandonner entierement le fiecle, & de fe retirer dans
le Defert. Pour former & exécu-
ter à cet âge une pareille réfolution,
ne falloit-il pas avoir une foi bien
vive & une conviction inébranlable
des vérités & des efpérances chrétiennes, & un amour fouverain pour
fon Dieu ? Que d'obftacles n'eût-il

pas à furmonter ? Une fortune bril-
lante déjà établie avec tous fes aifes
& fes commodités , une famille aimable dont il faifoit les délices, une jeuneffe floriffante à qui tout rioit , des
paffions vives qui pouvoient aifément
fe fatisfaire , voilà ce qu'il falloit fou-
ler aux pieds pour fuivre fa vocation.
Il n'y eut aucun de fes parens qui ne
lui donna un rude affaut. Ne pouvez-
vous pas vous fauver dans le monde,
lui difoit celui-ci ? Délicat comme vous êtes , pourrez - vous fupporter les rigueurs du Défert ,
difoit celui-là ? Voulez-vous nous
caufer la mort par un deffein in-
fenfé , difoit l'autre ? . . . . . Je
veux fauver mon ame à quelque prix
que ce foit , répondoit le St. jeune
homme , & je veux en une fi grande
affaire prendre le parti le plus fûr.
Abraham le pere des croyans quitta
tout , & plus que moi , pour fuivre
la voix de Dieu : Puis-je être blâ-
mable en marchant fur fes traces ?

Dieu m'appelle à la solitude , & le goût qu'il m'en donne ne me permet pas de douter de ma vocation: il saura bien me dédommager de tous les sacrifices que je lui fais, si je lui suis fidelle comme Abraham. Tous les Evangelistes ont mis à la tête des béatitudes la pauvreté chrétienne , pourquoi? Parce qu'elle est, dit St. Ambroise, la source de toutes les autres. Suis-je donc insensé de prendre pour ma part cette béatitude ? Ah ! je comprends que la véritable sagesse est folie aux yeux des hommes , & je suis résolu de laisser parler les hommes de l'abondance de leur cœur charnel & terrestre : un jour viendra qu'ils avoueront leur folie. Le feu qu'il mettoit dans ce discours imposoit silence à tout le monde.

Après tout ce que Jesus-Christ a fait pour nous , pourrons-nous faire assez pour lui , disoit-il à ses Disciples ? Que sont toutes nos austérités en comparaison de ce qu'ont souffert les Martyrs, & les Anachoretes de la Thébaïde ? Les joies éternelles du Ciel payeront-elles, à votre avis, tout ce que nous aurons fait pour les mériter ?

Quant il lisoit l'Evangile au St. Autel, son cœur étoit rempli de telles ardeurs, qu'on l'entendoit, pour ainsi dire, bondir & sortir de sa place. Il ne pouvoit lire la Passion de Jesus-Christ sans soupirs, & sans sanglots. Mr. Grangier, Curé de St. Chamond, près de Lion, avoit témoigné vouloir se retirer dans la solitude de Brieux, auprès de notre St. qui étoit son ancien ami, mais toujours quelque nouvelle réflexion arrêtoit l'exécution de son dessein : après lui avoir tout représenté, ce St. ami lui disoit ; aimez Jesus-Christ, comme il mérite d'être aimé, & n'aimez que lui : ayez l'abnégation de vous-même, & tout ce qui effraye vous paroîtra doux & agréable : vous aurez honte de refuser de le suivre sur le Calvaire, voulant le suivre un jour sur le Thabor.

J'ai reconnu en mon Bienheureux pere, dit le Frere Claude, un don de foi parfaite, accompagnée de grande clarté, de certitude, de goût & de suavité extrêmes. Il vivoit de la foi : il ne pensoit, il ne jugeoit, il ne parloit, il n'aimoit, ou ne haïssoit que d'après elle : il nous prémunissoit sans cesse contre les idées, les jugemens & les maximes du monde qui combattoient la foi, & il s'efforçoit de nous en inspirer la plus grande aversion. Jesus-Christ, & le monde sont contradictoires l'un à l'autre : qui des deux se trompe, nous disoit-il ? Certainement ce n'est pas J. C. c'est donc le monde.

La confiance en Dieu, & l'abandon à sa providence, couloient d'une foi si vive & si animée, comme de leur source : il donnoit très peu de choses aux lumieres naturelles & acquises. De-là vint que comme un autre Abraham il erra de pays en pays,

jufqu'à ce que la volonté de Dieu
l'eut fixé, & que quoique fouvent
malade, il n'ufa jamais de remedes de fon propre mouvement.
Quand fuivant la prudence humaine
il prévoyoit de l'impoffibilité pour
l'exécution d'un deffein, il étoit ferme dans fa confiance en Dieu, &
n'efpéroit jamais plus de réuffir que
quand il n'avoit d'autre appui que la
providence; & par-là il étoit toujours
content & égal à lui-même.

Il avoit un fi grand defir d'établir parfaitement dans fon ame le
regne de l'amour de Dieu, qu'il n'ou-
blioit rien pour y détruire ce levain,
ces reftes du péché d'Adam, qui felon
lui tendent fans ceffe à détruire ce
régne; c'eft dans cette vue qu'il livroit
fon corps à toutes fortes de mortifications; heureux, difoit-il, fi après
cela je puis effacer la loi du péché,
pour fubftituer à fa place la loi de
la charité.

Méprifons, & oublions, difoit-il

à ſes Diſciples , tout ce qui peut flatter & nourir l'amour propre ; car nous n'établirons jamais l'amour de Dieu dans nos cœurs , qu'en en chaſſant celui-là. Que rien ne vous empêche de donner votre cœur à Jeſus-Chriſt d'une maniere qui réponde aux obligations que vous lui avez : répondez à l'excès de ſa bonté par la plénitude de votre amour : que votre ame ſoupire ſans ceſſe après lui , même durant le travail corporel : qu'elle aille à lui par de continuels efforts ; par des fréquentes aſpirations jaculatoires , & qu'elle reſſente , s'il eſt poſſible , cette heureuſe défaillance dont parle le Prophete , lorſqu'il dit , mon ame déſire ardemment d'être dans la maiſon du Seigneur , elle languit , elle ſe conſume ; elle eſt dans la défaillance par l'ardeur de ce deſir. Parlez ſans ceſſe entre vous autres de votre Bien-aimé ; ce ſera ſelon Jeſus-Chriſt lui-même , une preuve certaine que votre cœur en eſt rem-

pli. Faites tout par le mouvement &
l'influence de cet amour : en un mot,
rendez toutes vos actions fi pures &
fi faintes dans l'ufage que vous ferez
de votre pauvreté, de votre folitude,
de votre filence ; de votre auftérité
& de votre travail, qu'elles foient
à fes yeux comme autant de facri-
fices d'une louange immortelle pour
toutes les miféricordes qu'il vous a
faites. Un tel amour de Dieu que
refpiroit toute la conduite de notre
Saint, produifoit néceffairement en
lui un grand amour pour le prochain : auffi a-t-il excellé en celui-
ci, comme en celui-là. Les plus lé-
gères fautes contre cette vertu lui
paroiffoient des monftres : ne formez
aucun foupçon contre qui que ce foit,
difoit-il à fes Difciples ; car, fi vous
le faites, vous perdrez la pureté de
cœur. Nous avons vû jufqu'où il
pouffoit fes attentions pour fes Freres, foit en tems de fanté, foit fur-
tout en tems de maladie : il vouloit

qu'on eut pour un malade la tendreſſe qu'a une mere pour un petit enfant. Il n'avoit rien tant à cœur que d'entretenir l'union cordiale & fraternelle dans ſa Communauté; & voilà pourquoi il compoſa ſur les avantages de cette union, un Traité admirable que nous rapporterons dans la troiſieme partie de cet Ouvrage. Faites la guerre à vos paſſions, & ſubjuguez votre amour propre, diſoit-il dans certaines occaſions; ſans cela vous n'aurez jamais le vrai amour du prochain, & vous ne vivrez point dans cette aimable union; au contraire vous ſerez toujours diſpoſés au murmure & à l'aliénation du prochain.

CHAPITRE II.

De fa prudence & de fa difcrétion.

APrès les trois Vertus Théologales, les plus néceffaires font
les quatre vertus, qu'on appelle Car-
dinales, à caufe qu'elles font comme les gonds fur lefquels portent
toutes les vertus morales. Si notre
Saint a excellé dans les premieres, il
ne s'eft pas moins diftingué dans les
fecondes, ainfi que le détail fuivant
le fera voir. Tout le monde fait que
ces quatre vertus font, la prudence,
la juftice, la force & la tempérance.

La prudence eft la fcience des Sts.
& il n'y a même que les Saints qui
foient véritablement prudens & fages, puifqu'il n'y a qu'eux qui fa-
chent prendre le bon parti & faire
ufage des moyens qui conduifent au
folide bonheur dans le Vénérable
Pere

Pere Jean Bruzeau, la prudence étoit un don du St. Esprit qu'il s'étoit attiré, comme Salomon, par ses inftantes prieres : cent fois il avoit dit à Dieu comme ce fage par excellence, Seigneur, accordez-moi cette fageffe & cette prudence qui préfide à tous vos confeils, & qu'elle foit toujours avec moi, & me dirige dans toutes mes actions. Il avoit coutume de propofer à fes Religieux les exemples de St. Antoine le Grand, & il leur citoit de tems en tems les principaux traits de fa vie ; mais il vouloit fur-tout qu'ils priffent pour modéle la prudence & la difcretion de ce grand Patriarche des Hermites : il leur rapportoit avec plaifir la conférence qu'eut un jour ce Fondateur des Anachoretes avec tous fes difciples affemblés fur la vertu la plus néceffaire à un Solitaire, & où il fut décidé que c'étoit la prudence. En effet, difoit notre Vénérable

Pere, cette vertu doit régler toutes
les autres, & si elle ne les dirige,
elles dégénérent en vices : toutes
les vertus consistent en un juste
milieu, entre l'excès & le défaut,
& c'est à la prudence à les y placer. Jugez des autres comme du
silence : or celle-ci consiste à ne parler ni trop, ni trop peu : la vertu
du silence n'est pas de se taire absolument, mais de ne parler quau-
tant qu'il est nécessaire, ou utile.
De même la tempérance de la bouche ne consiste pas à ne point manger, mais à ne manger que quand
il faut, & autant qu'il faut. Ainsi la
tempérance de la langue ne consiste pas à ne rien dire, mais à parler
lorsqu'il est utile de parler, & à se taire, quand il est à propos de se taire.

Pour former le Frere Claude à
la charge de Supérieur, il lui disoit souvent : souvenez-vous que si
notre Seigneur a recommandé à ses
Disciples d'être simples comme la

Colombe, il leur a dit auffi d'être prudens comme le ferpent, & il a même placé la prudence avant la fimplicité. Ne vous faites point d'ennemis : on ne fauroit avoir trop d'amis, & n'eut-on qu'un ennemi, on en a toujours trop. Confervez-vous fur-tout la bienveillance de Monfeigneur l'Evêque, & n'oubliez rien pour la mériter. Evitez toute contestation avec M. le Curé de St. Montan, avec les Prêtres & les Seigneurs du voifinage : ménagez tout le monde, & rendez-vous agréables à tous en vue de Jefus-Chrift.

Il diftinguoit la prudence dans les paroles, & la prudence dans les actions, & il recommandoit également l'une & l'autre à fes Difciples ; fans cette double prudence, leur difoit-il, il vous échappera bien de paroles, & beaucoup d'actions qui mal édifieront votre prochain ; fachez que les gens du déhors nous jugent à toute rigueur,

& que notre conduite cenſurant ta-
citement la leur , ils prennent volontiers leur revanche en paroles ,
quand nous leur en donnons la moindre occaſion : montrez - vous donc
dans vos paroles & dans vos actions
ſi irréprochables , que vos ennemis
naturels n'y trouvent rien à blâmer.

Sa prudence éclatoit principalement dans la maniere de conduire
ſes Religieux. Il commençoit par
les détromper de toutes les fauſ-
ſes maximes du ſiecle dont il les
trouvoit imbus : enſuite il leur inſ-
piroit une grande crainte des Ju-
gements de Dieu ; puis un grand
amour pour J. C., & une grande
dévotion à la Ste. Vierge. Il donnoit à chacun des avis ſalutaires ,
relatifs à leur tempérament & à leur
naturel : il appliquoit à leurs maux
les remedes convenables : il leur
impoſoit des pénitences propor-
tionnées à leurs fautes; c'eſt à cette
fin qu'à l'exemple de St. Benoit
& de St. Bruno , il établit l'uſa-

ge du Chapitre. Quoique son zèle fut ardent, il n'étoit ni faux, ni indiscret : ses avis n'étoient jamais déplacés ; ses corrections n'étoient ni nuisibles, ni même inutiles. En un mot, il faisoit tout sans passion, avec poid & mesure : on n'avoit qu'à le voir pour juger que la prudence faisoit son caractère : cette vertu reluisoit sur son visage, disent ses Disciples, & toutes ses paroles nous paroissoient des oracles du St. Esprit.

A l'égard des gens du monde, il étoit extrêmement circonspect dans ses paroles, & mesuré dans ses actions : il parloit peu, sur-tout devant les personnes constituées en dignité, qu'il respectoit profondément. Avant que de parler aux hommes, il communiquoit à Dieu dans le secret de son ame, suivant l'avis de St. Ammon, Solitaire, ce qu'il croyoit de voir leur dire. Il regardoit comme une

L 3.

hipocrifie de faire de beaux difcours fur les chofes faintes dans
la vue de paffer pour pieux , &
& comme une fote vanité de tenir
les mêmes difcours pour acquérir
la réputation d'homme favant : il
étoit ennemi de la précipitation &
du trop grand empreffement dans
toutes fes démarches : la gravité
& la modération l'accompagnoient
toujours. Dans les plus grandes injures il poffédoit parfaitement fon
ame , & fi quelque chofe l'affectoit
alors , c'étoit l'offenfe de Dieu qu'il
voyoit commettre à fon prochain ;
encore excufoit-il celui-ci fur l'intention , & à caufe de la paffion
qui diminue la liberté : il lui donnoit le tems de réfléchir , & n'e-
xigeoient rien , jufqu'à ce que la
tempête des paffions fut calmée.
Comme St. Gregoire de Nazianze ,
il difoit fouvent , ma grande affaire, c'eft de ne point me fufciter
d'affaires avec le prochain.

CHAPITRE III.

De son amour pour l'équité & la justice.

IL semble d'abord que l'amour de l'équité & de la justice doive contribuer peu à relever le mérite de notre Saint, puisque tous les honnêtes gens du monde ont cette vertu ; mais il s'en faut bien qu'ils l'ayent dans le même dégré que lui : ils n'en connoissent pas toute l'étendue comme lui ; & ils sont bien éloignés de le remplir par les mêmes motifs que lui.

En effet, notre Saint pensoit que la justice exige, non-seulement qu'on ne prenne, & ne retienne point le bien d'autrui, mais encore qu'on rende à Dieu ce qui appartient à Dieu, & à César ce qui appartient à César ; que dans la société & le commerce de la vie

on n'exige pas des hommes qu'ils
foient exempts de tous défauts,
qu'on fache porter le fardeau les
uns des autres, que les Supérieurs
ne foient pas jaloux de leur autorité, ni trop exigeants de leurs
inférieurs, que celui qui a reçu de
Dieu plus de talens, contribue
auffi d'avantage à l'utilité publique ; enfin, que les Religieux ne
fe contentent pas de garder l'égalité dans les conventions qu'ils font
avec les féculiers, mais encore qu'ils
foient défintéreffés & généreux,
& que tout fe faffe en vue de plaire
à Dieu, & non d'acquérir fimplement la réputation d'honnêtes
gens. Voilà ce qu'à rempli exactement le Vénérable Pere Jean, &
voilà certainement de quoi relever
fon mérite.

1°. Il a rendu à Dieu, ce qui
appartient à Dieu. Tout en nous
eft de Dieu, hormis le péché. Il
faut donc lui rapporter tout, &

faire fervir tout à fa gloire : voilà ce que notre St. comprenoit
& reconnoiſſoit parfaitement. De
là il conſacra à Dieu les prémices de ſa vie en ſe donnant à lui
de bonne heure ; de là il donna à
Dieu les prémices de chacun de
ſes jours, en le commençant par
une fervente priere, & par une
offrande vive & amoureuſe de toutes ſes actions. De là il donna à
ſon Dieu la préférence ſur toutes
les créatures, toutes les fois que
les intérêts de Dieu ſe trouverent
en concurrence avec ceux des
hommes : on lui entendit toujours
dire dans ces ſortes d'occaſion ces
belles paroles des Apôtres, il vaut
infiniment mieux obéir à Dieu
qu'aux hommes. De là ce grand
ſoin qu'il eut d'uſer d'épargne pour
avoir de quoi orner ſa Chapelle
& la fournir de tout ce qui eſt
convenable à la ſainteté des SS.
Myſteres. De là cette attention

à ce que ses Religieux, quelque
preſſans que fuſſent les travaux
corporels dans leur miſére, ne les
commençâſſent jamais ſans avoir
auparavant nourri, & fortifié leur
ame par une méditation d'une heure. En un mot chez lui Dieu avoit
toujours la premiere place, ou plutôt on y étoit toujours occupé à
le ſervir lui ſeul en faiſant tout
pour ſa gloire. Voilà ce qu'il entendoit par rendre à Dieu ce qui
appartient à Dieu.

2°. Il a rendu à Céſar ce qui
appartient à Céſar, non ſeulement
en payant exactement au Roi, &
aux Seigneurs temporels les Im-
pôts, & toutes les redevances qui
les compétoient, mais encore en
honorant ſincérement toute autorité & toute puiſſance comme venant de Dieu, & en faiſant tous
les jours pour elles des prieres
publiques avec ſa Communauté.
L'Evêque Diocéſain étoit pour lui

un Dieu sur la terre, & il mit
sa Communauté sous sa plus am-
ple dépendance. Mr. le Curé de
St. Montan trouvoit en lui la dé-
férence la plus respectueuse, &
ils vécurent dans une harmonie
parfaite, que jamais rien ne put
troubler. Les Magistrats & les Maîtres de Police de St. Montan ne
formerent jamais de plaintes contre sa Communauté. Il prenoit un
intérêt particulier à tout ce qui
regardoit notre Ste. Mere l'Eglise
Catholique, s'affligeant, ou se ré-
jouissant avec elle, selon les différentes circonstances, redoublant
auprès de Dieu ses demandes,
ou ses actions de grace en union
de celles de cette Epouse de J. C.

3°. Il avoit une autre équité,
qu'on peut appeller équité fraternelle, laquelle consiste à supporter
les défauts des autres. Ne sommes - nous pas tous défectueux,
disoit-il ? Ne manquons-nous pas

tous en beaucoup de chofes ? Les
autres font obligés de nous paffer
nos défauts, & de fupporter nos
infirmités : ils ont à fouffrir de
nous : nous fommes bien injuftes,
fi pour les dédommager nous re-
fufons de fouffrir quelque chofe
de leur part. La fociété humaine
eft un commerce où chacun doit
mettre du fien, puifque chacun
en profite : celui qui a moins de
défauts a plus reçu de Dieu pour
y mettre d'avantage, & il va
contre la volonté de ce grand Pere
de famille, s'il ne contribue d'a-
vantage au bien de la fociété : le
plus parfait doit donc exceller en
fupport du prochain. St. Paul appelle fardeau, ces défauts infépa-
rables de l'humanité : jufqu'à l'é-
tabliffement de l'Evangile, l'amour
propre a fait regarder ce fardeau
comme abfolument infupportable ;
mais Jefus-Chrift par fa grace ayant
dompté l'amour propre, ce fardeau
eft

est devenu leger, & ce divin Maître en a fait sa Loi favorite &
caractéristique : enforte qu'elle ne
convient qu'à lui, & ne peut éma-
ner que de lui, & qu'elle est la
marque distinctive de ses Disciples. Quelles obligations n'avons-
nous pas à Jesus-Christ, d'avoir ainsi
ordonné à tous les hommes de dis-
simuler nos imperfections, & de
nous traiter comme si nous ne les
avions pas ? Mais en même-tems
quel préssant motif pour nous de
supporter nos freres, puisque c'est
s'exclure du nombre de ses Disciples que de refuser de le faire ?
Notre injustice seroit bien plus
grande si nous refusions de supporter les défauts physiques de la
nature ; c'est Dieu qui nous a fait,
& nous ne nous sommes pas faits
nous-mêmes : s'il nous a fait avec
certains défauts, soit de l'ame, soit
du corps, celui qui refuse de les
souffrir, dédaigne l'ouvrage de

M

Dieu, le méprise, & s'enorgueil-
lit des perfections qu'il a reçues
de lui ; exiger que notre prochain
s'en corrige, c'est exiger l'impos-
sible ; c'est donc être injuste à l'é-
gard des créatures & ingrat à l'é-
gard de Dieu qui nous a distin-
gué. Voilà ce qu'il avoit coutume
de dire à ses Disciples.

4°. Il n'étoit pas du nombre de
ces Supérieurs entêtés & jaloux
de leur autorité, qui peu sensibles
à l'offense de Dieu, le sont trop
aux manquemens qu'on leur fait :
à ses yeux ce n'étoit rien que de
manquer à sa personne, pourvû qu'il
put se persuader qu'on l'avoit fait
sans offenser Dieu. Il communiquoit volontiers son autorité aux
anciens de la maison, & il prétendoit qu'on les honorat comme
lui même. Il évitoit avec soin ces
préférences & ces distinctions odieu-
ses, qui ne sont fondées que sur
la sympathie d'humeur. Il ne sur-

chargeoit pas l'un pour décharger
l'autre, il écoutoit avec douceur
les raisons de dispense, & quand
elles étoient justes, il dispensoit de
bonne grace : toujours égal à lui-
même, il rendoit infiniment res-
pectable son autorité : il assaison-
noit si bien ses refus, qu'on étoit
toujours content, soit qu'il accor-
dat, soit qu'il refusat. En un mot,
personne n'avoit à se plaindre de
son gouvernement, tant il étoit
doux & équitable.

5°. Son cœur s'étoit détaché de
bonne heure des biens de ce monde ; avec St. Paul il regardoit l'or
& l'argent comme de la boue. Il
avoit abandonné de grandes richesses dans le siecle pour suivre la pauvreté de Jesus-Christ ; & dans la
suite il eut bien garde de donner
jamais entrée dans son ame à la
cupidité. Le désintéressement faisoit son caractère ; & il n'oublia
rien pour le faire passer dans ses

difciples, comme un précieux héritage qu'il leur laiffa ; voilà pourquoi il leur ordonna de céder un
peu au-deffous du prix ordinaire,
toutes les denrées qu'ils auroient à
vendre ; felon lui le fecret de rendre heureux un homme, n'eft pas
d'ajoûter à fes biens, d'autres biens,
mais de lui apprendre à retrancher
de fes defirs. La générofité, difoit-il, eft une vertu de furéro-
gation dans les féculiers ; mais elle
eft de précepte pour un Religieux
qui a voüé à Dieu la pauvreté.
Le premier exemple que les féculiers ont droit d'attendre de vous,
c'eft celui du mépris des biens des
fortunes. Nous avons une meilleure
fubftance que tous les tréfors de
la terre ; & nous faifons pro-
feffion, nous autres Solitaires, de
la chercher uniquement. Rien de
fi honteux & de fi deshonorant pour
la vie érémitique, que de trouver
fous notre grand Capuce un cœur

avide des biens temporels. Il eſt
juſte & équitable de laiſſer aux gens
du ſiecle les biens du ſiecle. Fai-
tes-vous un devoir d'exercer l'hoſ-
pitalité : elle eſt une branche de
la charité : ne craignez pas qu'elle
vous appauvriſſe : vous aurez toujours du ſuperflu , & ſouvenez-
vous que toutes les perſonnes pauvres y ont droit ; & que vous pé-
chez contre la juſtice , ſi vous le
leur refuſez. Que les Hermites &
les Religieux paſſans trouvent toujours un hoſpice chez vous, & qu'ils
en ſortent bien édifiés.

CHAPITRE IV.

De ſa patience & de ſa force
chrétienne.

DIEU qui l'avoit prévenu à
bonne heure de ſes bénédictions , lui avoit fait preſſentir en
même-tems qu'il mettroit ſa ver-

tu à de grandes épreuves. De son
côté le Démon jaloux d'un mérite
si précoce lui suscita des puissantes adversités qui l'auroient infailliblement abbatu sans la protection
spéciale de la Ste. Vierge : notre
St. couvert du bouclier de Marie,
fût toujours invulnérable à ses traits,
& comme un autre Job, il devint
un miroir de fermeté & de patience.

Nous avons vû que dès son entrée dans la carriere de la perfection Religieuse, Dieu semble rebuter son sacrifice, en fermant les
voies de son accomplissement. Il a
formé la généreuse résolution d'aller dans les Déserts de la Thébaïde renouveller les exemples de
ses anciens habitans : Dieu permet qu'il attende long-tems inutilement un Vaisseau qui le porte
vers le terme de ses desirs. Il cher-
che dans les Déserts de France,
quelque St. Solitaire qui puisse le

former à la vie érémitique, & il
à beau faire, il n'en trouve point:
en attendant que Dieu lui faffe cette grace, il s'établit dans un Défert affreux, où le Ciel lui donne
à la vérité quatre compagnons ;
mais bien-tôt il en perd deux, &
fe trouve dans une difette totale:
Quelque tems après il perd un autre de fes Difciples. Devenu le col-
légue du Saint Hermite d'Angers
dans la réforme des Hermitages
de France, il n'eft point de croix
qu'il ne foit obligé de porter. Dieu
ajoûte à fes croix extérieures plufieurs infirmités corporelles dont
il n'eft délivré que par la mort,
excepté un mal aux yeux dont il
le délivra par l'interceffion de St.
Jofeph. Peu de tems après qu'il
fut établi à Brugeas, il y manqua de tout. Enfin fixé à Brieux,
il y trouva des perfécuteurs, &
un furcroit d'infirmités fpirituelles
& corporelles. Voilà comment Je-

fus-Chrift le fit boire continuellement à fon calice, parce qu'il
lui étoit agréable.

Bien loin de fe laiffer abattre
fous ces croix & d'en chercher l'a-
douciffement, il reftoit au B. Jean,
affez de courage pour encherir
tous les jours en mortifications &
en pénitences : fon ame en devenoit vifiblement plus forte, & croif-
fant tous les jours dans l'amour de
Jefus-Chrift, il augmentoit tous les
jours en aufférités. Dans les pertes
& dans les privations, combien de
fois ne difoit-il pas avec le St. homme Job, Dieu me l'avoit donné,
Dieu me l'a oté ; que fon Saint nom
foit béni.... Les hommes nous abandonnent, Dieu ne nous abandon-
nera pas, c'eft ici le feul bon ami :
il châtie, & il humilie ceux qui
l'aiment. Il eft écrit que tous ceux
qui veulent fuivre Jefus-Chrift, fouf-
friront perfécution. Il a fallu que
ce Divin Sauveur porta la Croix

pour entrer dans fa gloire : pouvons-nous prétendre y entrer par
une autre voie. Les fouffrances
de ce monde font bien courtes ,
& leur récompenfe fera éternelle.
Quel eft l'homme qui n'a pas mé-
rité de fouffrir , & ne vaut-il pas
mieux fouffrir dans ce monde que
dans l'autre ? Voilà un langage
qui lui étoit familier. Dans fes maladies corporelles il fembloit qu'il
auroit été fâché qu'on le guérit ,
tant il témoignoit d'indifférence
pour les remedes. Dans fes peines
d'efprit , il ne cherchoit point de
confolation auprès des hommes ,
de peur d'en perdre le mérite : il
ne vouloit d'autre témoin & d'autre confolation que Dieu.

Un cœur pénitent , difoit-il à
fes Difciples , porte la Croix fans
en fentir le poids , parce qu'il fent
celui de fes péchés. Donnez-moi,
Seigneur , la haîne que je dois avoir
des miens , & elle m'infpirera l'a-

mour de la Croix. O Divin Jefus!
qu'eft-ce qui vous rend la vôtre
fi aimable ? Si non le fentiment
que vous avez de nos péchés ; mais
pendant que vous les fentez fi vivement, y ferai-je moi, infenfi-
ble ? Ah ! Seigneur, je ne ferois pas
raifonnable de craindre , ou de
fuir les fouffrances, après que vous
les avez confacrées dans votre perfonne, adoucies par votre exemple,
& que vous en avez pris pour vous-
même ce qu'elles ont de plus amer.

Que ce foit un bonheur d'être
humilié , & de fouffrir , & que
l'on doive aimer les humiliations
& les fouffrances, difoit-il une autre fois , c'est ce que le monde
ne fauroit comprendre, & ce qu'il
peut encore moins goûter ; ce n'eft
qu'à l'école de Jefus-Chrift, qu'on
peut apprendre à faire fa plus
grande joie des plus grandes afflictions. Il n'y a que les bons
Religieux , & les ames vraiement

crucifiées qui ne connoiſſoient point
de plus grand bonheur que de ſouffrir pour J. C., c'eſt pour elles un
ſujet de joie ; joie, non des ſens,
mais de la foi & de l'eſpérance ;
joie qui n'étouffe pas le ſentiment
de la douleur, mais qui s'en nour-
rit, & la fait aimer ; c'eſt toute
leur joie, parce que c'eſt la ſe-
mence de la joie pleine & parfaite de l'éternité. Oh! que nous
nous ſaurons bon gré à l'heure de
la mort d'avoir paſſé notre vie à
pleurer & à ſouffrir, puiſque Dieu
lui-même eſſuyera toutes nos larmes
& qu'il diſſipera toutes nos peines! voilà ce que notre St. éprouva lui-même à l'heure de la mort,
la miſéricorde divine fit ſuccéder
à toutes ſes croix une joie pleine
& ſolide qui ſe montra ſur la ſé-
rénité de ſon viſage, & fut un pré-
ſage certain de ſon éternité bien-
heureuſe.

CHAPITRE V.

De sa mortification & de ses austérités.

LA mortification de notre St. étoit générale : il se privoit de tous les plaisirs des sens. Tandis qu'il étoit doux & complaisant en tout pour les autres, il étoit dur, & austère pour lui-même, dans le vêtir, dans le coucher, dans le dormir, dans le parler, dans le manger, dans le boire, dans la vue, dans l'ouie, dans le travail ; en deux mots, en tout & par tout.

Son habillement étoit de l'étoffe la plus grossiere, & il ne portoit point de linge. Combien de tems n'a-t-il pas couché dans des antres sur la plate terre ? Il est vrai que dans ses dernieres années

il

il couchoit sur la paille, mais sans draps, & il se levoit en tout tems à quatre heures du matin. Il étoit si silentieux, que sa bouche ressembloit à la bourse des avares qui ne s'ouvre qu'avec peine. Combien de fois l'a-t-on vu prendre son repas avec une salade ? Pour ce qui est du vin, à peine en connoissoit il l'usage. Accoutumé dans sa jeunesse à voir, & à entendre les curiosités des villes, il se condamna à l'âge de vingt-cinq ans à ne plus voir de sa vie que des bois & les rochers, & à ne plus entendre que le chant des oiseaux de la campagne. Issu d'une maison bourgeoise, dont le négoce faisoit toute l'occupation, il s'accoutuma aux travaux les plus rudes, & ses mains s'endurcirent au travail de la terre. Son plaisir étoit de modérer les pénitences des autres, & de porter les siennes jusqu'à une Ste. cruauté. Il n'ordonnoit point

N

l'usage de la discipline, parce que disoit-il, nos travaux en tiennent lieu.

Qu'il faille pour dompter ses
passions, mortifier la chair, la mâ-
ter, & l'affoiblir par la soustrac-
tion des plaisirs : c'est pour un
Religieux une vérité que non-seulement l'Evangile lui rend indubi-
table, mais encore que la saine
raison lui démontre & que l'expérience lui fait sentir. La chair est
le foyer de toutes les passions : ainsi
toutes les fois qu'on la flatte
on attize ce foyer. Notre corps
est un ennemi domestique qui n'est
jamais plus dangereux que lorsqu'on
augmente sa vigueur : le traiter dé-
licatement, c'est augmenter les forces de son ennemi : plus on lui donne, plus il est exigeant. Qu'un
homme violent & emporté jeûne,
& ne boive que de l'eau, la douceur & la patience lui deviennent
faciles ; il en est de même de
toutes les autres vertus. Quel bon-

leur d'acquérir l'empire fur fes paffions ; c'eft au prix de la mortification qu'on l'acquiert. Voulez-vous fincerement détruire le règne des paffions, difent tous les maîtres de la vie fpirituelle, commencez par affoiblir la chair. Le monde qui ne connoît point d'autre vie que celle de la chair, à beau fe recrier, & dire que ce n'eft pas vivre que de fe mortifier ainfi : nous devons croire plutôt l'Apôtre qui nous affûre que c'eft mourir que de vivre felon la chair, & que c'eft vivre que de la mortifier par l'efprit. Telles font les maximes du B. Jean Bruzeau.

Vous voyez, difoit-il, avec l'auteur de l'Imitation de J. C., que tout confifte à embraffer la Croix & à y mourir, & qu'il n'y a point d'autre voie pour aller à la vie & à la paix intérieure que celle de la Croix, & d'une mortification continuelle ; & quand vous ferez parvenu au point de goûter les afflictions pour J. C., & d'y trouver de la douceur ; vous pouvez vous estimer heureux, parce que vous aurez trouvé le Paradis en ce monde ; mais tant que vous aurez de la peine à souffrir, & que vous chercherez à l'éviter, vous serez malheureux, & la crainte du mal que vous cherchez à éviter, vous suivra par tout. Non, ce n'est point en fuyant la Croix, mais en la portant de bon cœur que nous nous rendrons heureux : elle est un supplice pour ceux qui la portent malgré eux ; mais ceux qui l'aiment y trouvent leur joie, leur repos & leur consolation.

Il faisoit infiniment plus de cas de la mortification intérieure que de la mortification extérieure, mais il pensoit que la première ne pouvoit être de durée sans le secours de la seconde. C'est notre chair, disoit-il, qui nous inspire un si grand

éloignement pour la Croix & pour
la mortification Chrétienne, &
c'est elle qui en a le plus de besoin : il faut la mortifier & la cru-
cifier avec ses passions & ses desirs déréglés, comme dit St. Paul,
si nous voulons goûter quelque
repos : il faut nous dépouiller du
vieil homme qui est en nous, &
faire mourir ce que nous avons de
charnel & de terrestre : il faut donc
tout mortifier, parce que tout en
nous se sent du vieil Adam, de
l'homme terrestre & charnel. Le
corps qui se corrompt, appesan-
tit l'ame, dit le St. Esprit, & cette
demeure terrestre abat l'esprit sous
la multitude des soins qui l'agitent.
Notre corps & tous ses sens, notre
ame & toutes ses puissances sont
hors de l'ordre où ils devroient
être, & nous ne saurions les y
remettre que par l'exercice continuel de la mortification extérieure.

N. 37.

Il difoit fouvent à fes Difciples, n'écoutez point les gens du monde qui vous diront que le jeûne, l'abftinence, & les autres pratiques de mortification aigriffent le fang, engendrent la mélancolie & favorifent les paffions ; écoutez plutôt les Maîtres de la vie fpirituelle qui vous difent tous, que fi vous n'affoibliffez votre chair, elle dominera votre ame, & vous ne ferez point maître de vos paffions. Faut-il accufer d'ignorance les SS. qui Crucifioient continuellement leur chair ? St. Paul ne nous dit-il pas, je châtie mon corps & je le reduis en fervitude, de peur qu'après avoir fauvé les autres, je ne fois reprouvé moi-même : ô le mauvais maître qu'eft le monde en matiere de falut ! il prend toujours le contre-pied de l'Evangile ; & ce qu'il a de plus dangéreux, c'eft l'accord qu'il prétend mettre entre fa morale & celle de J. C. c'eft un faux Pro-

phête dont ce divin maître nous
a averti de nous donner bien de
garde : il se couvre de la peau de
Brebis, tandis qu'intérieurement il
a la rapacité du loup.

Le Vénérable Jean Bruzeau auroit pû se procurer un plaisir bien
doux & bien innocent, en se ren-
dant aux invitations que les Prêtres & des autres personnes pieuses lui faisoient de venir quelque
fois manger à leur table ; mais il s'en
priva constamment, disant qu'un
Moine hors de sa Cellule est un
poisson hors de l'eau. Les repas
font d'ailleurs ajoutoit-il, les ennemis de la vie intérieure, & des
forties fréquentes de ma part pro-
duiroient insensiblement le relâche-
ment dans ma maison.

CHAPITRE VI.

De son humilité.

TOute la vie de J. C. sur la terre a été une continuelle instruction pour le réglement de la nôtre ; mais ce divin Maître nous a proposé sur tout son humilité à imiter : Apprenez de moi, nous a-t-il dit, que je suis doux & humble de cœur, & vous trouverez le repos de vos ames ; de sorte qu'il semble que le fils de Dieu ne soit descendu du Ciel sur la terre, que pour enseigner lui-même aux hommes cette vertu, non-seulement par sa parole, mais plus particulierement encore par ses actions, dont toute la série a été un modéle & une image vivante d'humilité. Cet enseignement de la part du Fils de Dieu fait

homme, nous étoit d'autant plus
néceſſaire, que l'humilité étoit une
vertu entierement inconnue aux
plus ſages gentils, & que les plus
vertueux Philoſophes, ou amateurs
de la ſageſſe étoient les plus or-
güeilleux des hommes.

La première choſe que nous
devons donc apprendre de ce divin Maître, c'eſt l'humilité. Voilà
ce que comprit parfaitement notre
Saint, comme l'avoit compris autrefois St. Auguſtin; & voilà auſſi
pourquoi il s'attacha d'abord à la
pauvreté d'eſprit & de cœur, per-
ſuadé avec les SS. Peres, que les
pauvres d'eſprit ſont ceux qui ſont
véritablement humbles. Il médita
profondément ſur l'ignorance & les
erreurs de l'eſprit de l'homme, &
ſur la foibleſſe & la corruption de
ſon cœur, ſur l'inconſtance & la lé-
géreté de ſon imagination, ſur les
mauvais penchans de ſon appetit ſen-
ſitif, ſur les infirmités & les maladies

de fon corps , & fe trouvant lui-
même rempli de ces miféres, il commença par concevoir un mépris général de tout lui-même, & s'adreffa
humblement à fon Dieu pour trouver le remède à tant de maux : Il
attribua déformais à la grace du Ré-
dempteur, tout ce qu'il fit de bien :
nous n'avons de nous-mêmes que le
menfonge & le péché , difoit-il ; fi
donc en nous il y a quelque bien,
c'eft de Dieu que nous le tenons :
remplis de mauvais penchans & foibles comme nous fommes , n'eft-ce
pas une témérité dans nous de nous
expofer aux appas & aux dangers du
monde : voilà pourquoi il crut devoir le quitter , & fe confiner dans
la folitude.

Il regardoit les humiliations
comme un remede néceffaire à notre ame naturellement & foncie-
rement orgueilleufe. Adam, difoit-
il , voulut fe rendre femblable à
Dieu, & fon orgueil a paffé dans

nous avec son sang. Cet orgueil a jetté de profondes racines dans notre ame, ces racines germent & poussent sans cesse des rejettons; & si nous ne sommes continuellement attentifs à couper ces rejettons, ils porteront en nous des fruits d'orgueil. Le moyen d'avoir cette continuelle attention, & de prévenir ces funestes fruits, puisque le bien même que nous faisons sert d'aliment à ces funestes rejettons? Il n'y a absolument que les humiliations ménagées par la divine providence qui puissent nous précautionner assez contre ces maudits principes d'orgueil; nous devons donc aimer ces humiliations comme un remede absolument nécessaire à l'enflure de notre cœur: nous devons les rechercher, nous devons les demander à Dieu comme des graces. Aussi le St. Roi David avoit-il soin de remercier le Seigneur, quand il les lui envoyoit.

Quelle pitié de rechercher comme on fait, l'estime & les louanges des hommes ? On est alors semblable à un malade qui prend ce qu'il y a de plus propre à augmenter son mal. Gardez-vous bien de ce vice, disoit-il à ses Disciples. Ne parlez jamais des avantages de votre famille, ni de vos belles actions, ou paroles ; c'est un défaut & une vanité dans les gens du siecle ; mais un insigne ridicule, & un grand scandale dans un Hermite, dont l'extérieur, contraste si bien avec la vanité, & qui s'est engagé solemnellement à ne chercher sa gloire que dans Jesus-Christ. Ou il faut quitter notre habit, ou il faut renoncer à la vaine gloire.

Les honneurs du monde, disoit il, nourrissent & font croître imperceptiblement l'orgueil dans notre ame ; malheur donc à celui qui les aime ; combien grand est le danger

danger où se trouve celui qui sans
les aimer & les chercher, les ac-
cepte quand on les lui présente ?
Voilà pourquoi il voulut qu'on ti-
rat au sort celui qui devroit être
Supérieur de son premier Hermitage. Les honneurs du siecle mettent l'humilité dans un aussi grand
danger, qu'est celui auquel la fré-
quentation des personnes du sexe
exposent la chasteté ; ainsi s'il faut
fuir ces sortes de personnes pour
être parfaitement chaste, il faut
de même fuir les honneurs pour
être parfaitement humble. Prenez
garde, mes enfans, disoit-il à ses
Disciples, il y a un orgueil fin &
subtil qu'engendre la réputation de
sainteté, & qui triomphe souvent
des solitaires mêmes. Regardez-
vous toujours comme des grands
pécheurs qui n'ont de leur fonds
que mensonge & qu'iniquité, & qui
ne devenants bons que par emprunt
& par la pure libéralité du Ciel

O

doivent rapporter à Dieu toute gloire.

Une autrefois il leur difoit : voulez-vous une marque certaine à laquelle vous puifiez connoître fi vous êtes véritablement humbles. Examinez fi vous obéiffez d'une obéiffance cordiale, aveugle & univerfelle : une telle obéiffance fuppofe néceffairement une vraie humilité ; & c'eft de cette obéiffance qu'il eft écrit qu'elle fera chanter des victoires fur l'enfer, fur des hommes, fur nous-mêmes, & enfin fur Dieu lui - même. Le Seigneur fait plus de cas d'une acte d'obéiffance, que de tous les grands fervices qu'on projette de lui rendre. Ce que vous défirez le plus, qui eft fans doute la perfection Religieufe, vous ne de trouverez point ni par des actions éclatantes, ni par la plus fublime contemplation, mais dans une profonde humilité. Ah ! qui faura mar-

cher dans l'oubli, & le détachement de tout ce qui n'est pas Dieu,
celui-là sera véritablement parfait.
L'humilité est la clef des trésors
du Ciel : Dieu éleve les humbles
& les comble de ses faveurs, tandis qu'il laisse dans l'indigence spirituelle les orgueilleux ; l'esprit de
Dieu se repose sur les humbles,
dit St. Pierre, tandis qu'il s'éloi-
gne des superbes, & se plaît à les
confondre.

CHAPITRE VII.

De sa Pauvreté.

CE n'est pas un petit éloge de
la pauvreté d'esprit, disoit notre Bienheureux, que Jesus-Christ
notre Sauveur ait commencé par elle
son divin Sermon de la Montagne

& l'ait mife la premiere des Béatitudes ; mais c'en eft un bien plus
grand qu'il l'aît adoptée pour fa
compagne inféparable, & qu'il nous
l'aît enfeignée toute fa vie par fes
œuvres & par fon exemple ; car
c'eft la premiere leçon que ce
grand Maître nous a donné fur
la chaire de la Créche ; c'eft elle
que nous prêchent l'Etable où la
Ste. Vierge l'Enfanta, fes langes &
fes Drapeaux, le foin & l'haleï-
ne des Animaux, dont elle eut
befoin pour l'échauffer ; c'eft encore
là derniere leçon qu'il nous a le
plus recommandée fur la chaire
de la Croix en mourant tout nud
& dans une fi extrême pauvreté,
qu'on fût obligé de chercher par
aumône un Linceul pour l'enfé-
velir :: toute la fuite de fa vie a
été femblable au commencement,
& à la fin : il n'avoit pas feulement un denier pour payer le tribut du Prince ; il n'avoit pas

même de demeure assurée pour
s'y reposer : les Renards ont des
tanieres, & les oiseaux des nids ;
mais le Fils de l'homme n'avoit
pas où reposer sa tête.

Le Redempteur du Monde mit
la pauvreté pour fondement de la
perfection Evangelique, qui est la
même chose que la perfection Religieuse. Si vous voulez être parfait, disoit-il, allez, vendez tout
ce que vous possedez, & donnez-
en le prix aux pauvres ; voilà pourquoi il l'a voulu établir, & au-
toriser si bien par son exemple ;
voilà aussi pourquoi les premiers
fidèles faisoient tous vœux de pauvreté. C'est donc avec beaucoup
de raison que l'Eglise, les Saints
Peres, & tous les Fondateurs d'Ordres Religieux mettent le vœu de
pauvreté, comme le fondement le
plus solide & le plus nécessaire de
la Religion, de même que St. Paul
a regardé la cupidité des biens

de ce monde, comme la racine de tous les péchés.

Ne soyez donc pas surpris, disoit-il à ses Disciples, si j'exige de vous qui voulez vivre en Religieux que vous ne possediez rien en propre, & que sans permission vous ne disposiez de rien de ce qui appartient à la maison. Aimez la pauvreté comme le rempart de la Religion, & conservez-la dans toute sa pureté. Je réponds de cette maison tant qu'elle conservera l'esprit de pauvreté; mais si par malheur cet esprit vient à s'y éteindre, sa perte est assurée. Voyez dans les richesses la source de la décadence de plusieurs Ordres Religieux : voyez-y aussi le principe de tant de crimes qui se commettent dans le siècle, & que cette considération vous inspire une sainte horreur pour les richesses, & vous rende chere & aimable la pauvreté. Le nombre des élus est petit, parce que

le nombre des pauvres Evangeliques eſt petit : efforçons-nous d'être
de ce petit nombre.

Ces belles leçons tiroient une efficace toute particuliere des exemples de leur auteur. Notre Saint
avoit poſſédé de grands biens dans
le ſiecle : il s'en étoit dépouillé
pour imiter la pauvreté de J. C.,
on le voyoit faire ſes délices de
cette vertu, & il en étoit véritablement amoureux : tantôt il l'appelloit ſa mere, tantôt ſa maîtreſ-
ſe. Quelque beſoin qu'il eut d'argent pour la fondation de ſon
Monaſtere, il eut la délicateſſe
de n'en demander jamais à perſonne, pas même à ſes amis : il
voulut que ſa maiſon fut fondée
ſur la pauvreté. Quand la diſette
devenoit extrême dans ſa Communauté, ce qui arriva pluſieurs
fois, il montroit ſur ſon viſage
une joie qu'il ſavoit admirablement
bien faire paſſer dans l'ame de ſes

enfans : alors il leur racontoit agréa-
blement, comment les herbes &
les fruits Sauvages de la Provence
l'avoient fuftenté pendant quelque
tems. Il étoit tellement accoutumé à vivre de peu de chofes,
que pour peu qu'il eut, il lui fembloit avoir de grandes provifions,
& on regarda fouvent comme un
miracle que fa Communauté pût
fubfifter avec les modiques provifions qu'on y faifoit.

Si l'avarice eft felon St. Paul,
la racine de tous les maux, la
pauvreté eft au contraire le fondement, l'origine, & la fource de
tous les biens & de toutes les
vertus, elle eft la gardienne &
la confervatrice de l'humilité : le
pauvre eft naturellement humble.
Pour ce qui regarde la chafteté,
il eft aifé de voir combien la pauvreté & l'aufterité de la nourriture & du vêtement contribuent
à l'acquérir & à la conferver. La

tempérance & l'abstinence sont
comme les deux filles de la pauvreté. Le désir du Ciel, la ferveur dans les prières, l'exactitu-
de dans les exercices spirituels,
la douceur, le silence, en un mot
toutes les vertus sont faciles, &
ne coutent presque rien à celui
qui est pauvre, tandis qu'elles coutent beaucoup à celui qui est ri-
che.

Bien-heureux sont les pauvres
d'affection, dit J. C, parce que
le Royaume des Cieux est leur
héritage. Voyez donc, disoit le Vénérable Jean Bruzeau à ses Disciples, voyez si c'est mal employer les biens de la terre, de les
donner tous pour avoir ce Royaume, & si ce n'est pas être un
sage Marchand que de se défaire
de toutes les choses qui périssent
& se corrompent à toute heure
pour acquérir ce Trésor que rien
ne peut ravir. Quiconque aban-

donnera pour moi, ajoute Jesus-
Christ, sa maison, ou ses freres,
ou ses sœurs, ou son Pere, ou sa
Mere, ou sa Femme, ou les enfans, ou ses terres, en recevra
le centuple dès cette vie, & aura
après sa mort la vie éternelle pour
héritage.

Vous donc qui vous êtes faits
pauvres pour J. C., vous ne rece-
vrez pas seulement votre récom-
pense dans l'autre monde, mais
en celui-ci même vous aurez le
centuple de ce que vous aurez
abandonné pour le suivre, c'est-
à-dire, que celui qui quittera les
biens de la chair, jouira de ceux
de l'esprit qui leur étant comparés, valent cent pour un par leur
prix & leur excellence. Si vous
voulez vous en rapporter aux gens
du monde les mieux accommodés
& les plus favorisés des biens de
la fortune, vous verrez qu'ils conviennent qu'ils ne sont pas heu-

reux, ils sont continuellement tour-
mentés par une foule de craintes,
de traverses & de chagrins, dont
les vrais Religieux sont parfaitement exempts. O saint Etat ! ô
condition heureuse des Religieux
qui ont le Seigneur pour partage ! Que la part qui nous est échue
est excellente & que notre portion
héréditaire est agréable ! Nos freres du monde n'ont que la terre,
& le Ciel est pour nous. La mort
leur paroîtra amère, & elle n'aura pour nous que des douceurs.

CHAPITRE VIII.

De sa Chasteté.

NOtre Saint fut toujours Vierge de corps & d'esprit, &
à ce sujet nous pouvons dire de

lui, ce que St. Jerome dit de St.
Jan l'Evangeliste, savoir : que sa
chasteté extraordinaire le rendit digne des faveurs spéciales de J. C.;
il avoit une dévotion toute particuliere envers cet Apôtre dont il
portoit le nom, & il en imitoit
si bien la pudeur, qu'en le voyant
on croyoit voir un autre St. Jean.
Il étoit extrêmement circonspect
en tout ce qui regarde cette vertu : il veilloit sans cesse à la garde de ce Trésor : il fuyoit les entretiens des personnes de différent
sexe, & jamais il n'en regarda une
en face. Les différentes pénitences qu'il pratiquoit lui étoit agréables par le rapport qu'elles avoient
avec cette vertu Angélique. Il porta cette vertu à un si haut dégré
de perfection, qu'on peut dire de
lui, ce que Cassien disoit des anciens Solitaires, savoir : qu'il vivoit
dans la chair, comme s'il avoit été
un pur Esprit. Quand il étoit
obligé

obligé de parler à quelque femme, il la recevoit hors de son Hermitage, & l'entretien étoit toujours court & austére, & il fit de cet usage une loi pour ses enfans.

Quoique la chasteté parfaite soit un don de Dieu, néanmoins il faut que nous ayons soin de nous y appliquer de toutes nos forces, disoit-il à ses Disciples, & que pour cela nous nous exercions dans une continuelle pratique de la mortification, parce que Dieu ne veut nous accorder ce don qu'autant que nous fairons de notre part tout ce qui est en nous pour ne pas donner prise au Démon de l'impureté ; c'est aux humbles de cœur qu'il accorde cette grace. Défions-nous sans cesse de la foiblesse de notre volonté, & fuyons avec soin les occasions de chûte, dans cette sorte de combat il en est tout autrement que dans les autres ; car ici le moyen de vain-

P

cre , c'est de fuir ; & il n'y a que
les poltrons qui remportent la
victoire. Ordinairement Dieu pu-
nit les orgueilleux en les abandon-
nant aux tentations de la chair,
faites donc bonne provision d'humilité, afin que Dieu ne vous pu-
nisse pas de cette sorte. Un Religieux bien chaste est un ange, mais
un Religieux impudique est un Démon.

Puisque le St. Homme Job qui
avoit soutenu les plus violens efforts
du Démon & qui s'étoit rendu
victorieux de tous ses artifices,
n'osoit pas seulement jetter les
yeux sur une fille ; combien devons nous être retenus & circons-
pects, quelque saints que nous
puissions être ; faisons comme ce
Patriarche, un accord & un pacte
avec nos yeux, qu'ils ne feront
jamais passer dans notre esprit la
pensée d'une fille ; ne jettons jamais nos regards sur un objet

qu'il ne nous est pas permis de
désirer, & que cependant nous
ne pouvons voir sans être portés
à le désirer: L'exemple de David,
qui pour avoir regardé une femme tomba dans l'adultère, doit
être toujours présent à notre mémoire: ce St. Roi étoit plus af-
fermi que nous dans la crainte de
Dieu. Que deviendrons-nous si
nous nous exposons au même danger ?

La chasteté, disoit-il, est un
trésor : n'épargnez donc rien pour
la conserver : employez 1°. La
vigilance & la prière ; car c'est
principalement pour la conserva-
tion de cette vertu que J. C. nous
a dit, veillez & priez, afin que
vous n'entriez point en tentation.
2°. Méditez sur la Passion & la
mort de J. C. puisque, selon St.
Augustin & St. Bernard, c'est un
puissant remède contre les ardeurs
impures de la chair. 3°. Faites le

figne de la Croix fur votre front
ou fur votre poitrine toutes les
fois que le Démon vous fuggérera
quelque penfée impure. 4°. Ayez
une dévotion particuliere à Marie, la Reine des Vierges, & à
votre St. Ange Gardien, & ne
laiffez paffer aucun jour fans leur
recommander votre chafteté : enfin
approchez-vous fouvent de la divine Euchariftie qui eft un vin
Myftérieux qui fait germer les
Vierges : la pureté de la chair de
J. C. corrigera l'impureté de la
vôtre. Je vous recommande fpé-
cialement ces cinq pratiques, ajoutoit-il, comme en ayant éprouvé
moi-même l'efficacité. Vous pouvez & vous devez même m'en
croire ; car c'eft l'efprit de Dieu
qui me fait parler ainfi. l'Expérience vous apprendra que je dis
vrai.

Remarquez bien une chofe, nous
dit St. Gregoire, c'eft que les

tentations deshonnêtes, & les fâ-
cheuses pensées dont nous sommes
combatus, sont d'ordinaire des
traces & des restes de notre vie
passée, & des mauvaises habitu-
des déjà surmontées, & que quoique en ces rencontres l'on ne
pêche pas par des actions extérieures, l'ame néanmoins se rend
coupable, & digne d'une sévére
punition, si elle reste dans l'inac-
tion, & si elle ne travaille à éteindre ses flammes impures par les
larmes de la pénitence. Alors il
faut 1°. se juger soi-même digne
de cette affliction, & reconnoître
que c'est une punition qu'on a
justement méritée par les déré-
glements de sa vie passée, & que
par conséquent on doit souffrir avec
une humble patience. Par là nous
appaiserons plus promptement la
colère de Dieu, & nous tourne-
rons même les tentations à notre
avantage. Il n'y a rien qui soit plus

capable de toucher le cœur de
Dieu, & de fléchir sa miséricor-
de, que cet humble sentiment de
soi-même par lequel on se considére comme digne de toutes sortes de châtimens. C'est pourquoi
nous lisons dans la Sainte Ecriture,
que les Israëlites avoient ordinairement recours à ce remede pour
obtenir le pardon des fautes qu'ils
avoient commises contre le Seigneur.

Quelque fois le Bienheureux Jean
Bluzeau, s'armant d'un St. zèle,
disoit à ses Disciples: sachez que
tout Religieux qui fera une faute
notable contre cette vertu, se rendra indigne de rester dans cette
Ste. Maison, & qu'il en sera chassé comme un excommunié; bien
d'autres fautes me paroissent par-
donnables comparées à celles-ci,
parce qu'elles ne tirent pas à une
si grande conséquence. Rien ne
déshonore plus l'Etat Religieux

que le vice d'impureté, & par
furcroît de malheur, point de
vice dont on fe corrige plus dif-
ficilement : on ne s'en releve prefque jamais. O mes Enfans! puifque ce maudit vice perd plus de
perfonnes que tous les autres vices enfemble, nous qui voulons efficacement nous fauver, & apprendre aux autres par nos exemples à fe fauver, ne devons-nous
pas en avoir une horreur infinie?
Que jamais donc la moindre parole indécente ne forte de votre
bouche, & fi quelqu'un de vos
freres en profére une en votre
préfence, faites-lui auffi-tôt une
vive correction. Portez par-tout
la pudeur & la modeftie dans tout
votre extérieur.

CHAPITRE IX.

De sa piété.

LA piété de notre St. éclatoit
dans tous ses exercices de
Religion, mais sur-tout dans la
récitation du Bréviaire & dans la
célébration de la Ste. Messe : il se
préparoit à l'une & à l'autre par
une méditation de demi-heure.

Il récitoit toujours l'Office Divin aux heures réglées par l'Eglise,
& quand ce tems étoit venu, il
se regardoit comme député de la
société des Fidéles auprès de la Ma-
jesté suprême, pour lui rendre le
culte solemnel qu'elle a droit d'attendre de ses enfans : il payoit avec
allegresse & avec une Ste. ardeur
au nom de tous les hommes, ce
juste tribut d'hommage, de louange, & d'action de graces qui est

dû au Roi des Rois. Après la Ste.
Meſſe, l'Office Divin étoit ſelon lui
le ſacrifice le plus parfait qu'on
puiſſe offrir à Dieu. Il avoit coutume de dire qu'en recitant les heures Canoniales, il s'inſtruiſoit par
l'Hiſtorique des écritures, louoit
le Seigneur par les hymnes & les
Cantiques, s'édifioit par les exemples des Saints, s'élevoit à Dieu,
par les pathétiques Sermons &
Homelies des Peres, prioit, gémiſ-
ſoit & pleuroit ſes péchés par les
Pſeaumes, demandoit à Dieu les
beſoins de toute l'Egliſe par les
Verſets & par les Oraiſons qui
contiennent les vœux des fidéles.
Il faiſoit ſes délices de cette prière
publique, & elle lui étoit une re-
création ſpirituelle ; auſſi ne l'ob-
mettoit-il jamais, pas même dans
ſes plus grandes infirmités ; quant
à la ferveur avec laquelle il s'en
acquittoit, ce ſeroit envain que
nous entreprendrions de la repré-

ter ; je l'ai vu plusieurs fois, dit
le Frere Claude ; tout enflammé
comme un Séraphin ; pendant la
recitation de son Breviaire : il nous
avoit sévérement défendu , ajoûte
ce Frere ; de l'interrompre dans
cette occupation pour quelque affaire que ce fût. D'autres fois il
disoit que la recitation du Breviaire
étoit une fonction angelique ; & un
prélude de ce que nous fairons
dans le Ciel.

Quant au sacrifice de nos Autels , il en avoit la même idée &
la même vénération que St. Jean
Chrisostome ; & voici ses sentimens
sur ce mystère. Le Sacerdoce de
J. C. est la fin de son incarnation :
le fils de Dieu ne s'est fait homme
qu'afin d'être le Prêtre de son Pere,
& le Pontife de la vraie Religion ;
mais la fin de son Sacerdoce est
le sacrifice de nos Autels , qui est
le plus grand , le plus saint , le
plus auguste de tous les mystères

de notre Religion. Les Chrétiens n'ont point d'autre sacrifice que celui-là : son prix étant infini, il surpasse infiniment tous les sacrifices qui avoient été offerts à Dieu depuis le commencement du monde , & qui ont été tous abolis par l'institution de celui-ci, dont ils n'étoient qu'une grossiere figure : c'est le sacrifice même de la Croix, renouvellé chaque jour dans l'Eglise de Jesus-Christ, & qui s'y continuera jusques à la consommation des siecles : sacrifice qui rend à Dieu plus d'honneur que tous les péchés possibles peuvent lui en ôter.

De-là ce respect & ce recueillement profond , sans lesquels il ne montoit jamais au saint Autel. De-là cet esprit de sacrifice par lequel il entroit dans les sentimens de la victime qu'il immoloit : il s'offroit tout lui-même à Dieu avec Jesus-Christ, & par J. C., & il

auroit été ravi de joie de répandre
son sang comme lui pour la gloire
du Pere Céleste ? son cœur sembloit se fondre aux ardeurs du feu
de l'Autel : il étoit tout renouvellé
& transformé en celui de J. C.;
de-là ces soupirs & ces sanglots qu'il
poussoit sans s'en appercevoir pendant l'immolation de la victime
sainte. De-là ces prodiges & ces
miracles qu'il opéroit si souvent
par la célébration de la Ste. Messe
en faveur des malades & des autres affligés.

Comme avant la Ste. Messe il
faisoit une longue préparation, il
faisoit aussi après une longue action de graces. Quand au tems
qu'il restoit à l'Autel, il évitoit
les deux extrémités : il n'étoit ni
trop long, ni trop court, & pour
l'ordinaire demi-heure lui suffisoit:
il prononçoit correctement toutes
les paroles, & il exigeoit de son
Clerc qu'il les prononçat de même :

l'Autel

l'Autel étoit toujours décemment
paré. Les Vases sacrés, les Ornemens Sacerdotaux & les linges du
Ministère toujours en bon état,
la Chapelle toujours bien propre,
en un mot, tout y montroit sa foi
& son zèle.

Après la sainte Messe & l'Office
Divin, l'exercice le plus impor-
tant étoit selon lui l'Oraison Men-
tale, qu'il regardoit comme la
nourriture de l'ame. Le tems qu'il
y employoit lui paroissoit toujours
court, c'étoit un repas spirituel
pour son ame, & tandis qu'il prenoit à regret ses repas corporels,
il prenoit celui-ci avec une sainte
avidité. Cette pratique, disoit-il, est
comme la mere de la perfection
Religieuse, & vous ne serez jamais
bons Religieux, si vous n'êtes
hommes d'Oraison : St. Augustin
l'a dit devant moi. Quant à la
maniere de faire oraison, il avoit
coutume de dire qu'il faut y em-

Q

ployer plus le cœur que l'esprit,
& qu'une seule bonne affection,
retenue long-tems dans l'ame, vaut
mieux que cent belles pensées.

Ce seroit ici le lieu de parler
du don sublime de contemplation
dont notre St. fut favorisé ; mais
il vaut mieux l'entendre parler
lui-même sur une matiere si re-
levée, & faire attention qu'il parle, d'après son expérience, & se
peint lui-même.

Celui qui s'est consacré à la vie
contemplative, dit-il, doit être parfaitement éloigné du tumulte des
affaires du siécle ; il doit mé-
diter avec ferveur tout ce qui
peut enflammer son ame du désir
des biens éternels : il doit s'instruire & se remplir de toutes les
choses spirituelles qui peuvent le
faire devenir de jour en jour, &
meilleur & plus éclairé. Il doit
aimer & estimer infiniment le St.
loisir que Dieu lui donne de vaquer

aux affaires de fon ame : il doit
oublier entierement le monde comme étant tout à fait mort pour
lui, & il doit vivre comme cru-
cifié à tous les attraits & à tous
les délices du monde. Dans ce
dégagement où il eſt affranchi de
toutes les ſervitudes préſentes, rien
de temporel ne doit être l'objet
de ſa crainte, ni de ſon deſir,
afin que l'attention de ſon ame
ne ſoit jamais affoiblie, & qu'elle
ne ſe relâche & ne s'amolliſſe
point, ſoit en déſirant d'acquérir
quelques biens paſſagers, ſoit en
craignant de les perdre. Les choſes agréables ne doivent point le
corrompre, ni les fâcheuſes l'é-
branler : il ne doit point s'enfler
par la bonne eſtime, ni s'abbattre
par les opinions déſavantageuſes
qu'on a de lui : les calomnies &
les louanges ne doivent point augmenter, ni diminuer ſa joie : il
doit établir ſon ame dans un état

si uniforme & si égal qu'il ait
toujours de même visage dans les
prospérités & dans les adversités,
& quand il aura obtenu tous ses
avantages qui sont propres à la vie
contemplative, il ne doit pas s'i-
maginer après cela qu'il puisse être
entierement parfait en cette vie ;
mais il doit croire fermement qu'il
ne pourra monter au comble de la
perfection que dans la vie bienheu-
reuse de l'éternité, en élevant toujours son ame & ses desirs vers cette
vie immuable où tout sera parfait.

Pour préparation éloignée à l'O-
raison, notre St. vouloit qu'on évi-
tat la dissipation, & qu'on vécut
dans un recueillement habituel de
tous ses sens. A ce sujet, il recommandoit spécialement l'exercice de
la présence de Dieu. Soyez fortement persuadés, disoit-il, qu'en
tout & par tout, Dieu vous voit
& vous considére. Oserez-vous faire
sous ces yeux infiniment saints,
ce que vous n'oseriez faire en

préfence d'une perfonne refpecta-
ble ? Ce moyen de fanctification
eft le plus propre & le plus efficace de tous : le Seigneur lui-même
l'enfeigna & le donna pour tel à
Abraham le Pere des croyans, c'eft-
à-dire des vrais fidéles, marchez
en ma préfence, lui dit-il, & vous
ferez parfait. Que votre modeftie
paroiffe devant tous les hommes,
dit St. Paul, car le Seigneur eft
toujours proche de vous. Cette modeftie dont parle ici l'Apôtre, eft
un effet du recueillement intérieur,
& elle en procéde comme de fa
fource fi nous confervions habituel-
lement l'union morale de notre ame
avec Dieu, aucun exercice corporel ne mettroit obftacle à l'O-
raifon. Quelques-uns font leurs travaux avec trop d'attache & d'empreffement, ils fe diffipent ainfi, &
ont enfuite beaucoup de peines à
fe mettre à l'Oraifon. Evitez avec
foin cet empreffement exceffif, &

Q 3

ne vous appliquez à rien que pour le bon plaisir de Dieu.

CHAPITRE X.

De sa fidélité & de sa ferveur dans le service de Dieu.

Etudier la volonté de Dieu en toutes choses, la suivre & l'accomplir dans les petites comme dans les grandes, dans les difficiles comme dans les aisées, dans les conseils comme dans les préceptes : voilà la fidélité de notre St. à l'égard de Dieu, c'étoit peu de choses selon lui que d'éviter les péchés mortels : il évitoit jusqu'aux plus petits péchés véniels, jusqu'à une imperfection. Je ne saurois comprendre, disoit-il, comment une personne qui ne craint pas le péché véniel peut dire à son Dieu qu'il l'aime de tout son cœur. Par

le péché véniel commis de propos
délibéré ne refuse-t-on pas à Dieu
une partie de son cœur? Ne dois-
je pas aimer mon Dieu de tout
mon cœur, de toute mon ame &
de toutes mes forces? N'est-ce
pas là son premier & son plus grand
Commandement? Malheur à celui
qui se contente de ne pas le transf-
gresser en matiere notable! étant
infidèle dans les petites choses, il
le fera bien-tôt dans les grandes,
selon l'oracle de l'Esprit saint. L'a-
mour que nous devons à Dieu
doit nous faire éviter non-seulement les péchés véniels, mais encore les imperfections, parce que
cet amour nous inspire de faire
toujours ce qui est plus agréable
à Dieu. Manquant de faire ce que
nous savons être plus agréable à
Dieu, pouvons-nous lui dire que
nous l'aimons de toutes nos forces? Puisqu'il y en a une partie
que nous refusons d'employer à
son service?

Un Religieux, difoit-il, ne doit pas feulement faire attention à ce que Dieu commande, comme fait un Séculier, mais encore à ce qu'il défire; & dans le fiécle même, combien qui accompliffent cette derniere partie de la juftice? Or, quelle honte pour un folitaire, lorfqu'il voit dans le monde des perfonnes qui aiment plus ardemment le Seigneur, & qui ont plus de vertu que lui; puifque avec des fecours fort inférieurs aux fiens, elles font pour Dieu plus que lui, & qu'au lieu de les furpaffer en fainteté autant que les graces qu'il reçoit dans fon état font plus abondantes, il s'en faut de beaucoup qu'il les égale?

La perfection de l'homme confifte à être entierement à Dieu: parce que Dieu étant la fin de l'homme, fin, non qui détruit, mais qui finit, qui acheve, qui confomme fon ouvrage, l'homme ne peut trouver fa perfection que dans la pofseffion de cette fin, ou dans l'union avec son Dieu. Cette union totale qu'il doit avoir avec lui comprend deux chofes, la premiere, que tout ce qu'il a de puiffances & de facultés dans l'ame & dans le corps s'uniffe à Dieu, s'applique à lui, l'ait pour objet & pour fin de tous fes mouvemens : la feconde qu'il s'y applique auffi ardemment, & s'y uniffe auffi étroitement qu'il eft poffible. Vous devez donc pour être parfait, difoit-il à fes Difciples, rapporter à Dieu toutes les penfées de votre efprit, tous les defirs de votre cœur, toutes les actions, & tous les mouvemens intérieurs & extérieurs de vos puiffances, & les y rapporter avec tout l'ardeur, tout le zéle, & toute la fidélité poffible. Vous devez regarder le Seigneur, comme l'objet, le terme & le but unique de tout ce qu'il y a en vous d'inclinations & de penchans, & vous attacher si fortement à lui par un parfait dévouement de tout vous-même, que rien au monde ne soit capable de vous en détourner.

Remarquez que l'union que votre esprit doit avoir avec Dieu, ne consiste pas seulement à penser à lui, à vous occuper de lui, mais encor à n'avoir qu'une même pensée avec lui, c'est-à-dire à penser de toutes-choses, comme il en pense lui-même, à en porter le même jugement qu'il en porte, à n'estimer que ce qu'il estime, à ne mépriser que ce qu'il méprise, & à entrer si parfaitement dans tous ses sentimens & ses goûts que rien au monde ne soit capable de vous en faire épouser d'autres.

De même l'union de votre cœur avec Dieu ne consiste pas seulement à lui en consacrer les affections, à désirer sa gloire, son Royaume, sa possession, mais encore à n'avoir qu'une même volonté avec lui, à vouloir en toutes chofes ce qu'il veut , & à ne vouloir jamais rien de ce qu'il ne veut pas, & à demeurer fi fortement attaché à fa volonté, que rien ne foit capable de vous porter à la quitter pour fuivre la vôtre ou celle des Créatures.

Enfin l'union de nos autres puiffances avec Dieu ne confifte pas feulement à agir toujours pour lui, mais encore à n'avoir qu'une même opération avec lui; je veux dire à ne vous appliquer qu'aux chofes à quoi il vous applique lui-même pour y travailler de concert avec lui, & à vous y appliquer avec tant de zèle & de conftance, que rien ne foit capable de vous les faire abandonner, ou de ne rallentir votre ardeur.

Voilà exactement la vie fpirituelle de notre Saint, il vivoit dans cette union forte & conftante de l'efprit du cœur & des autres

puissances avec Dieu ; il n'avoit
avec lui qu'une même pensée , qu'une
même volonté , qu'une même opération , & en quelque sorte qu'un
même être par une entiere & parfaite transformation en lui, laquelle
le faisoit passer dans l'unité divine.
Voilà jusqu'où il portoit la fidélité & la ferveur dans le service
de Dieu. C'étoit un homme qui
brûlant du feu sacré de l'amour
divin ne marchoit pas, mais voloit
à tout ce qui regardoit les intérêts
du Seigneur & s'acquittoit de tous
ses devoirs envers lui, avec un ardeur, un zèle & une fidélité qui
ne se démentoit jamais. C'étoit un
homme qui, pénétré jusqu'au fonds
de l'ame des plus purs sentimens
d'estime, de respect, de vénération
qu'une Créature puisse concevoir
envers son Dieu , & toujours occupé de lui dans des adorations ,
des louanges , des Bénédictions
éternelles, ne trouvoit de consolation

lations & de plaisirs sur la terre que dans son entretien. C'étoit un homme qui, toujours appliqué à chercher les occasions de donner à Dieu de nouvelles preuves de son amour triomphoit quand il en trouvoit quelqu'une, & l'embrassoit avec un plaisir extrême. Pour aller à Dieu, il se servoit égalemènt de toutes les situations où il se trouvoit, de tous les événemens qui lui arrivoient, de tout ce qu'il voyoit & de tout ce qu'il entendoit & sentoit : il voyoit & cherchoit Dieu en toutes choses.

Ce qui soutenoit sur-tout notre Saint dans la fidélité à son Dieu, c'est qu'il n'avoit en vue que les intérêts de J. C., bien éloigné des sentimens des Pharisiens, que la jalousie & une prudence charnelle conduisoit. Jamais Prêtre ne voulut moins l'approbation des hommes, son goût auroit été de ne jamais paroître devant eux pour

R

être privé de leur estime : la vie cachée lui paroissoit tout aimable, pleine de charmes & d'attraits. Prenez garde au penchant au desir de la vaine gloire & de l'intérêt, disoit-il à ses Disciples : l'amour propre est la grande régle des imparfaits : elle est la cause & le mobile de leurs actions.

D'autres fois il tenoit ce langage : soyons fidèles à Dieu dans les petites choses ; ces choses ne sont petites qu'en elles-mêmes ; mais envisagées du côté de Dieu, elles sont très-considérables. Peut-il y avoir quelque chose de petit, de vil & de bas au service du Roi des Rois ? Dans la maison des Princes de la terre, point d'Offices, point de services qu'on ne fasse gloire de remplir ? Cependant ces Grands de la terre ne font que cendre & poussiere comparés à Dieu. Faites attention que la moindre de ces petites choses faites pour Dieu

& dans sa grace, aura dans le Ciel
un dégré de gloire qui la récom-
penfera éternellement.

CHAPITRE XI.

De son zèle pour le salut des ames.

LE zèle de notre Saint étoit en
proportion de l'estime & de
l'amour qu'il avoit pour ses freres,
& comme il excelloit en ceux-ci,
on doit dire auffi qu'il excelloit
en celui-là ; c'est cette flamme pure
de la charité qui le porta à inf-
tituer une Congrégation Religieuse
où puffent furément fe fanctifier
tous ceux qui feroient touchés
d'un défir efficace de leur falut :
par ce même mobile il fe tranf-
porta dans plufieurs Hermitages
pour y établir la reforme, &

travailla sans relâche à la perfection spirituelle de ses enfans.

Il avoit étudié à l'Ecole de St.
Bernard , les conditions que doit
avoir le zèle pour ne pas dégé-
nérer en vice : de sorte que son zèle étoit enflammé par la charité ,
éclairé par la science , dirigé par
la prudence , & soutenu par une
force à l'épreuve de tous les obstacles. Nous avons vû qu'en tra-
vaillant au salut des autres , il ne
cherchoit ni ses propres intérêts ,
ni ses aises & ses commodités , qu'il
ne faisoit point acception des personnes , qu'il étoit plein de com-
passion , & de cette humanité que
la Religion avoue , & qu'il faisoit
usage de tous les moyens qu'une
industrie charitable peut suggérer.
Ayant fait de bonnes études , &
nourrissant journellement sa science
par la lecture de toutes sortes de
bons livres , ainsi que nous l'avons
vû , son zèle ne pouvoit être que

très-éclairé, ses œuvres & ses écrits
en font une preuve évidente, &
après les avoir examinés, on est
pleinement convaincu qu'il n'igno-
roit rien de ce qu'il lui importoit
de savoir. A ces grandes lumieres
il joignoit l'égalité d'humeur qui
provenoit en lui de l'empire qu'il
avoit acquis sur ses passions : il ne
précipitoit rien : il étoit ennemi du
trop grand empressement, & il sa-
voit s'accommoder à toutes les circonstances. Son plan général étoit
de gagner des ames à J. C., il sa-
voit avec St. Paul, que pour en
venir là il faut se faire tout à
tous : en conséquence il étudioit
les esprits, il tâchoit de saisir les ca-
ractères, il démêloit parfaitement
un cœur intimement vicieux de
celui qui n'est que foible : il se
servoit quelque fois d'une passion
pour en guérir une plus grande :
il fermoit les yeux sur certaines
fautes que la douceur & la con-

fiance pourroient enfuite corriger,
il donnoit les avis comme on
donne les médecines, jamais pendant l'ardeur de la fievre, quand
il pouvoit différer & il emmiel-
loit fi bien les bords de la cou-
pe, qu'on prenoit le remède tout
entier fans en fentir l'amertume.

Le vrai zèle a deux obftacles
à furmonter, l'amour du propre
intérêt & la crainte du danger :
il triomphoit du premier en ne
fe propofant jamais pour fin que
la gloire de Dieu : il triomphoit
du fecond en mettant toute fa confiance en Dieu, & s'eftimant heureux de fouffrir quelque chofe pour
J. C. Son zèle le rendit plus fort
que la mort même, plus inflexi-
ble que l'Enfer ; il fut conftant &
perfévérant jufqu'à la mort, quoique plufieurs fois il fut fruftré de
l'effet qu'il en attendoit : dans ce
dernier cas il gémiffoit aux pieds
de fon Dieu pendant quelque tems,

mais il reprenoit bien-tôt sa tranquillité, & il faisoit attention au zèle des SS. Anges, qui est bien plus grand que le nôtre, & qui cependant ne leur cause aucun trouble.

Il faisoit souvent ces réflexions, le zèle qui n'est pas payé dans ce monde, est très-sûrement récompensé dans l'autre. Le médecin est chargé de voir son malade, de le soigner, mais il n'est pas directement chargé de le guérir, comme dit St. Augustin : sa vie & sa mort sont entre les mains de celui qui donne l'une, ou l'autre à son gré. Parmi ceux qui auront chassé les Démons & fait des prodiges, il se trouvera beaucoup de reprouvés, dit J. C. ; parmi ceux qui ont fait peu de choses, il s'en trouvera que Dieu avoit élu avant tous les siecles, qu'il a sanctifiés en les humiliant par la stérilité de leurs travaux, & qui se

font fanctifiés eux-mêmes en gémiffant de leur inutilité. Qui doit-
on regarder comme brûlé du zèle
de la maifon de Dieu ? C'eft ré-
pond St. Auguftin, celui qui fou-
haite de corriger tout ce qu'il y
voit dans le défordre, qui fait fes
efforts pour y réuffir, qui fouf-
fre en gémiffant ce qu'il ne peut
empêcher.

Un Supérieur qui n'inftruit pas fes
inférieurs, manque à une des plus
importantes fonctions du zèle. Mais
un Supérieur qui n'a pas foin de
fe remplir auparavant lui-même
de toutes les connoiffances qu'il
doit communiquer aux autres, eft
un téméraire & un préfomptueux
qui s'expofe à tomber dans le pré-
cipice de l'erreur en y entrainant
les autres : fouvent il fe rend ridicule & méprifable, & par là
énerve la difcipline Religieufe. Notre St. ne donnoit point dans cet
écueil : non-feulement il avoit em-

ployé tous les moyens naturels propres à lui faire acquérir la science
néceffaire à fa condition , mais encore il étoit continuellement en
communication avec fon Dieu , &
dans ces entretiens , il puifoit des
lumieres extraordinaires pour fe
bien conduire lui-même en condui-
fant les autres. Jamais homme ne
comprit mieux que lui que l'art
de gouverner les ames eft l'art par
excellence , l'art des arts , & il
étoit vivement perfuadé qu'il n'eft
pas poffible de le bien exercer fans
une direction fpéciale du St. Efprit. Selon lui, un Supérieur devoit être dans la main de Dieu ,
comme un inftrument qui fuit toutes
les directions & tous les mouvemens que lui donne la main qui le
gouverne.

TROISIEME PARTIE.

Les écrits du V. P. Jean.

CEtte troisième Partie renferme-
ra les sentences & les maximes
spirituelles du V. P. Jean Bruzeau,
ses traités sur les points les plus
importans de la vie Religieuse,
ses exhortations à ses enfans, &
ses Lettres à ses amis, en autant
d'articles différens.

Art. Premier.

*Les sentences, ou maximes spiri-
tuelles du P. Jean.*

NOUS rapporterons ces ma-
ximes mot à mot, crainte
de les énerver, si nous faisons quelque changement dans les expres-
sions. Le Lecteur faira attention

que le V. P. Jean Bruzeau, parle
selon le stile de son tems & de
sa condition.

1. Ne vous y trompez pas, mes
freres, & ne pensez pas d'être
quittes devant Dieu en menant une
vie médiocrement bonne; car comme Dieu vous poursuit & vous
presse par des graces qui sont grandes & singulieres, aussi exige-t-il
de vous une vie qui soit grandement bonne & singuliere; & il
veut que votre perfection réponde
à la grandeur des graces dont il
vous prévient. Que si vous ne le
faites, ah! ce grand Dieu vous
reprouvera; s'il ne peut faire de
vous le sujet de ses délices, il en
faira le sujet de ses vengeances,
& s'il ne peut satisfaire son amour
en vous élevant, il satisfaira sa
colere en vous abattant.

2. Dieu ne regne point dans
une ame, si elle n'est paisible &
dénuée de la recherche de soi

même, & l'ame paisible gagne plus en une heure avec les dons de Dieu, qu'elle ne pourroit faire en toute la vie par toute son induſtrie & par toutes ſes forces.

3. Nous ne devons pas nous ajuſter les travaux, mais nous devons nous accommoder à eux : car il ne faut pas ajuſter la volonté de Dieu à la nôtre ; mais il faut accommoder la nôtre à la ſienne.

4. Dieu fairoit plus de cas en vous du moindre dégré d'obéiſſance & d'humilité, que de tous les grands ſervices que vous projettez de lui rendre.

5. Pluſieurs s'imaginent d'être grandement déſireux de ſavoir la volonté de Dieu pour la faire, & ils vont ſans ceſſe paſſant par deſſus celle qu'ils ſavent, ſans la faire.

6. Mon Dieu, que de Religieux trompés ! car ſi quelqu'un ſe ſoumet de bonne volonté quand le Supérieur, ou le commandement,

on

ou la souffrance lui agrée, & ne veut se soumettre de même quand ces choses ne lui agréent pas, il ne soumet pas sa volonté à celle de Dieu, mais il veut soumettre la volonté de Dieu à la sienne.

7. Ah ! qui saura marcher dans l'oubli & le détachement de toutes les choses extérieures, & même dans la privation intérieure des dons sensibles ! Amen. Amen.

8. Vous vous assujettirez l'univers sans peine, & toutes choses vous serviront, si vous oubliez tout & vous-même. Quand le tintamare des passions qui tourmentent & empêchent l'ame a fini, quand avec la grace de Dieu nous avons ruiné leur méchanceté, celles qui paroissent saintes prennent leur place, & jusqu'à ce que les unes & les autres soient toutes anéanties, nous ne pouvons être la région de paix, ni avoir les délices de l'ame.

S

9. Que vous servira-t-il de donner à Dieu une chose, s'il vous en demande une autre ? Recherchez donc ce qu'il désire de vous, & portez y toute votre ame ; autrement vous ne contenterez pas Dieu & votre cœur ensemble.

10. Je me ris de certains qui s'imaginent dans l'Oraison de désirer d'être vilipandées pour l'amour de Dieu, & hors de-là elles cacheroient un petit défaut si elles pouvoient, ce qui fait bien paroître la fausseté d'un tel désir.

11. Ne vous excusez, ni justifiez jamais, s'il n'est absolument nécessaire ; mais souffrez avec amour qu'on vous accuse, & qu'on vous fasse tout ce qu'on voudra pour payement & pénitence de tant d'autres fautes que vous avez faites.

12. Ne point regarder les défauts des autres, garder le silence, & avoir une continuelle communication avec Dieu, ce sont trois

choſes qui arrachent de l'ame de très-grandes imperfections, & l'enrichiſſent de très-hautes vertus.

13. Ah ! quelle miſere ! je ſais ce qu'il faut faire pour être ſaint, parfait, & agréable à Dieu, je le ſais, & je le puis, & je ne le fais pas.

14. Quand vous gardez le ſilence, ne penſez pas que vous pratiquez une vertu, mais penſez que vous n'êtes pas digne de parler.

15. Quand on déſire quelque choſe de mieux de nous, nous répondons ſouvent que nous ne le ſavons, ou que nous ne ſavons pas faire autrement, & nous nous imaginons qu'il eſt ainſi; mais la vérité eſt que nous ne le voulons pas.

16. O le grand tréſor qu'une volonté forte, qui ſentant les charmes de ces appetits qui veulent l'entraîner, peut en même-tems s'attacher à la volonté de Dieu & ſuivre la raiſon ! Amen.

17. Quel misérable aveuglement de prétendre toujours à la perfection, & de négliger toujours de se corriger, croyant toujours qu'on le fera à l'avenir & ne voyant pas qu'on ne le fait jamais, mais qu'au contraire on s'accoutume & s'endurcit toujours plus dans cet amusement !

18. Vous ne pourrez vivre avec charité & contentement dans le Monastère, si vous ne vous persuadez que vous devez être taillé, arrondi & tourmenté de tous les autres, & qu'ils ont été envoyés pour faire cet office.

19. Plusieurs sont souvent en peine d'où peut prévenir qu'ayant de si bons désirs, ils ne puissent s'avancer en perfection ; mais s'ils avoient de l'esprit, ils verroient bien que la seule cause est, qu'ils ne mettent point véritablement leur cœur au renoncement & à la mortification.

20. Quoique vous fassiez beaucoup de bonnes actions, si néanmoins vous n'apprenez à vous soumettre, & à renoncer à votre propre volonté, laissant le soin de vous-même & de ce qui vous appartient, vous ne ferez point de progrès au chemin de la vertu.

21. Si quelqu'un tâche de vous persuader une Doctrine large, quand il la confirmeroit par des miracles, ne le croyez pas; mais donnez plutôt créance à la voix étroite & au détachement de toutes choses.

22. Grand aveuglement de l'amour propre, vous vous imaginez d'avoir assez de vertu pour être le valet d'un de vos freres & manger ses restes pour l'amour de Dieu, & vous ne pouvez souffrir sans murmurer intérieurement qu'il se serve dans son infirmité d'une petite particularité ?

23. Ne soupçonnez point contre votre frere : car si vous le faites,

S 3

vous perdrez la pureté de cœur.

24. Celui-là ne pourra parvenir à la perfection qui ne s'étudie point d'accorder l'appetit naturel, & l'appetit spirituel, de façon que tous deux soient contenus dans l'évacuation de tout ce qui n'est pas Dieu : car cela est nécessaire pour la parfaite tranquillité d'esprit.

25. Plusieurs disent qu'ils sont misérables, & peut-être le croyent-ils, comme ils le disent, mais l'humiliation fait sortir au jour ce qu'ils ont au fond du cœur.

26. Ne vous travaillez, ni lassez point envain : car vous n'entrerez point dans la douceur & suavité d'esprit, si vous ne demeurez constant dans le renoncement de ce que vous désirez.

27. Mon Dieu ! que je trouve d'ames qui ont de grand sentimens & de bons désirs ; mais que j'en trouve peu qui veuillent se détacher & se défaire de tout, pour être entierement à vous.

28. Le corps desseché par les austérités engraisse fort souvent l'ame d'orgueil, & la chair ensanglantée fait souvent couler dans l'esprit une intime présomption.

29. Mon Dieu, quelle différence entre l'ame Religieuse qui ne vous adore guères, & vous aime encore moins, & celle qui vous adore beaucoup, & vous aime encore d'avantage! que l'une est attachée à son propre jugement, à ses propres passions, & que l'autre est affamée de renoncer à ces choses pour vous plaire & s'attacher à vous seul!

30. Une viande quoique nourrissante & salutaire par elle-même ne pourra profiter à guères de personnes, si elle n'est encore agréable au goût, parce qu'elle sera refusée par la plûpart, & la parole quoique bonne & salutaire profitera encore moins si elle n'est suave en l'odeur de sa sortie, & en la dou-

cœur de son fort , parce qu'elle
ne pourra pénétrer le cœur.

31. L'amoureux de soi-même ne
peut jamais se connoître soi-même ,
parce que son amour propre lui re-
présente toujours ses qualités toutes
déguisées & fardées de tous les
atours les plus propres à les tromper , couvrant & détournant su-
bitement tout ce qu'il y a en elle
de difforme , de mauvais , & de
haïssable.

32. Se reposer par le détachement de tout en pauvreté d'esprit ,
comme un sujet tourné , soumis ,
& disposé à Dieu , c'est un enseignement qui dit , & donne beaucoup à qui le peut entendre &
pratiquer. Amen. Amen.

33. Plusieurs croyent facilement
qu'ils se vaincront eux-mêmes , &
qu'ils entreront dans les vertus &
perfections aussi aisément qu'ils se
l'imaginent ; mais aucun n'y réus-
sira jusqu'à ce qu'il ait connu par

expérience qu'il ne peut en venir
à bout qu'à mesure qu'il obtiendra
la grace de s'y porter avec autant de pureté & d'humilité, que
de désir & de force.

34. Le repos & l'aise de l'ame
se trouve par le détachement de
toutes choses dans une parfaite
pauvreté d'esprit.

35. Quiconque négligera d'entendre & de faire l'obéissance, ou
qui lui donnera un détour, ou
contribuera à le lui faire donner,
ou qui rira, ou prendra quelque plaisir que la chose aille autrement,
qu'elle ne demande, fera contre
Dieu, & s'attirera son indignation.

36. Une ame enflée de superbe
spirituelle veut être traitée avec
singularité ; que si vous la traités
comme une du commun, elle nour-
rira dans son cœur une disposition à se révolter en quelque occasion, & à faire ainsi éclater son
orgueil.

37. J'ai oui-dire à plusieurs qu'ils désiroient de se détacher, mais qu'il leur falloit du tems, qu'on les pressoit trop, & que s'ils avoient un peu plus de tems & de liberté, ils avanceroient d'avantage ; mais la suite fait voir qu'ils ne doivent rien faire qui vaille, & que leur désir étoit faux.

38. Celui qu'on ne peut déterminer au renoncement, au mépris de la terre & à la mortification qu'à force de lui rompre la tête, montre clairement qu'il n'a pas faim d'amour de Dieu & de perfection, & n'esperez pas qu'avec une telle disposition il fasse jamais rien qui vaille dans ce chemin.

39. Le superbe aveuglé par l'amour propre sent de la peine, & ne sauroit souffrir qu'on l'estime plus défectueux, & incapable qu'il n'est à son avis, jugeant qu'on ne le connoit pas. L'humble qui se connoit soi-même juge aussi qu'on

ne le connoit pas, & il en est fâché; mais c'est sans peine, & d'une
façon toute contraire. Celui qui veut
arriver à l'humilité par la connois-
sance de soi-même supporte de
bonne volonté ce mépris, & s'é-
tudie à reconnoître que le sentiment qu'on a de lui est véritable.

40. Celui qui ne peut se détacher des choses qui sont hors de
lui comme les parens, les biens les
beaux habits, l'honneur & l'approbation des hommes, comment pour-
roit-il se détacher de ce qui est
en lui, & de ce qui est une partie
de lui-même, sa propre volonté,
son propre jugement, ses propres
passions, sentimens, appetits, inclinations; car il est bien plus aisé
de quitter la peau que l'ame, &
les entrailles, & celui qui ne peut
lier un enfant est bien éloigné de
lier un géant.

41. Mon frere, ne soyez plus
surpris de ce que vous avancez

si peu dans la vertu, ne voyez-vous pas que vous n'aimez pas affez la fouffrance du renoncement, du mépris, & la mortification ?

42. Si vous pouvez avoir l'efprit de mortification & de haîne de vous-même, vous vous trouvererez guéri & uni à vos freres, en vraie charité ; mais tandis que vous ferez plein de l'amour de vous-même & de vos inclinations, vous ne pourrez rencontrer le vrai amour du prochain, ni cette aimable union, mais vous ferez toujours difpofé au murmure & à l'aliénation.

43. Si vous laiffez facilement tout ce en quoi vous trouvez du plaifir & du goût, & que vous vous exerciez en tout ce en quoi vous avez plus de répugnance, pour donner du plaifir à Dieu, nous connoîtrons que vous l'aimez véritablement.

44. Si vous avez un naturel
rude

rude à vaincre & plusieurs penchans
à surmonter, soyez-en bien aise ,
parce que alors vous avez d'avantage à offrir à Dieu , & vous pouvez lui procurer plus d'honneur &
de gloire.

45. L'Amour est ami de la véhé-
mence & de la promptitude , & ennemi de la lâcheté & de la lenteur.

46. On peut mortifier une passion en deux façons, c'est-à-dire ,
ou dans ses productions , ou dans
sa racine ; mais celui qui se contente d'en arrêter les effets , sera
toujours en grand danger de se
jetter dans le vice , où elle l'incline
avec d'autant plus d'impétuosité &
de stabilité , qu'il l'aura retenue
avec violence & persévérance ,
quand la lassitude sera arrivée , &
que la grace se sera cachée ; au
lieu que celui qui travaille à la
faire mourir dans sa racine y faisant vivre la vertu ou disposition
contraire , prend le chemin de la

T

vraie paix & de la meilleure sûreté.

47. A quoi bon tant d'étude
& de soucis inquiétants, puisque
toute attache même aux moyens
des vertus & du détachement est
un véritable déréglement de paffion & de propriété, & une ma-
nifeste incapacité d'être libre, fou-
mis & difpofé à Dieu, & que
d'autre part l'ame qui fe détache
& fe vuide de tout pour fe con-
tenter de Dieu & vaquer à lui
feul, trouve & attire tout ce qu'elle
peut prétendre par ailleurs, &
fi avantageufement que perfonne
ne pourra le comprendre que celui
qui l'aura expérimenté.

48. Avoir toujours les yeux vers
vous, ô mon Dieu, pour reconnoître ce que vous défirez, afin
d'y obéir parfaitement en quittant
toute attache quelque fainte & utile
qu'elle paroiffe par une parfaite
pauvreté d'efprit, c'eft le fouverain moyen pour être faint, parfait,

& bienheureux même dès ce monde.

49. Une Congrégation pure &
étroite reſſemble à la mer où tout
ce qui eſt mort ou étranger, ne
peut demeurer, mais eſt jetté à
bord par l'agitation des eaux.

50. Pluſieurs s'imaginent être
véritablement humbles en avouant
leurs défauts à Dieu qui les ſait
déjà, mais ils s'irritent auſſi-tôt que
les hommes les leur mettent devant les yeux : ils trouvent même
mauvais que le Conſeſſeur leur en
parle, déſorte qu'ils ne veulent jamais avouer leurs défauts devant
les hommes. O humilité chimérique !

51. Vous voulez que vôtre Con-
feſſeur ne vous parle de vos défauts qu'autant que vous les lui
avez déclarés, mais ne devez-vous
pas craindre que l'amour propre
ne vous en cache quelqu'un, &
ne devez-vous pas être bien aiſe
que les autres vous les faſſent connoître comme l'étoit le bienheureux

François de Sale qui remercioit ces
sortes de personnes, & leur disoit
que sans doute elles lui faisoit grace de biens d'autres défauts.

52. Quelle misére d'avoir si peu
d'envie de plaîre à Dieu, si peu
d'appréhension d'être abandonné
de lui, si peu d'envie de se corriger & se perfectionner! Ah mon
Dieu! regardez s'il vous plaît mon
affliction, & remédiez au mal qui
la cause, & si quelqu'un de ceux
que vous m'avez donné s'est moc-
qué de vous & de moi par un mépris formel de vos Ordonnances &
des miennes, ne permettez pas qu'il
demeure si dur, si aveugle, si in-
sensible, que de ne vouloir reconnoître son mal, afin que ceux que
vous avez élevés par votre amour
ne tombent pas dans votre haîne
& dans l'enfer faute d'une digne
pénitence.

A M E N.